In der täglichen Praxis

findet der Arzt häufig erhöhte Cholesterinwerte im Blut. Sie stellen zwar kein akutes Problem dar, ein langfristig erhöhter Serumcholesterinspiegel ist jedoch mitverantwortlich für die Entstehung oder Verschlechterung der Arteriosklerose. Sie ist verbunden mit Verengungen und Verschlüssen der Herzkranzgefäße, was zu einem Herzinfarkt führen kann. Außerdem kann es zu ähnlichen Gefäßveränderungen im Bereich der Beine und des Gehirns kommen – Schlaganfall beziehungsweise Amputation sind die Folge.

Die Normalisierung des Cholesterinspiegels ist also ein wirklich wichtiges Ziel. Wenn die Hypercholesterinämie nicht auf einer Erkrankung beruht, die mit Medikamenten behandelt werden muß, sollten die erhöhten Werte durch eine cholesterinarme Ernährung reduziert werden (siehe auch den »Wichtigen Hinweis« auf Seite 64). Mit dem vorliegenden Kochbuch soll allen, die einen zu hohen Cholesterinspiegel haben, eine Ernährungsweise vorgestellt werden, mit der sie diesen – ohne Einschränkung der Lebensqualität – senken können. Eine gezielte Auswahl und die delikate Zubereitung der Lebensmittel machen dies möglich.

Dr. med. Norbert Gretz

INHALT

Abkürzungen bei den Nährwertangaben:

kJ	Kilojoule
kcal	Kilokalorien
EW	Eiweiß
F	Fett
KH	Kohlenhydrate

Cholesterinspiegel erhöht? Achtung, Risiko!

Ein erhöhter Cholesterinspiegel (Hypercholesterinämie) tut nicht weh. Viele Patient(inn)en fragen sich deshalb, warum sie überhaupt etwas gegen diesen erhöhten Cholesterinspiegel unternehmen sollen, beziehungsweise nehmen sie die ärztlichen Ratschläge, ihre Ernährung umzustellen, nicht sonderlich ernst. Heute gibt es keinen Zweifel mehr daran, daß eine Hypercholesterinämie einen wesentlichen Beitrag zur Entstehung und zum Fortschreiten der Arteriosklerose leistet. Arteriosklerose bedeutet, daß es zu einer Einengung und nachfolgend zu einem Verschluß von Arterien kommt. Dadurch wird die Sauerstoffversorgung der betroffenen Organe verringert oder komplett unterbrochen. Verantwortlich für den Verschluß einer Arterie sind oft auch Blutgerinnsel, die sich auf den entzündlich veränderten Oberflächen der arteriosklerotischen Veränderungen bilden. Bekannteste Folge der Arteriosklerose ist die sogenannte koronare Herzkrankheit mit Brustschmerz (Angina Pectoris) und, bei komplettem Verschluß eines Gefäßes, mit Herzinfarkt. Kommt es zu einem Verschluß von Arterien, die Teile des Gehirns versorgen, löst dies einen Schlaganfall aus. Je nachdem, wo der Verschluß auftritt, kommt es zur Lähmung einer Körperhälfte und manchmal auch zu Sprachstörungen. Auch die Beinarterien können von Arteriosklerose betroffen sein (sogenannte Schaufensterkrankheit, schwarze Zehen), was dann nicht selten zur Amputation führt. Bereits diese kurze Auflistung der häufigsten, durch Arteriosklerose bedingten medizinischen Probleme zeigt, daß es sich lohnt, den Risikofaktor Hypercholesterinämie ernst zu nehmen und adäquat zu therapieren. Basis einer solchen Therapie ist zunächst das Erzielen eines normalen Gewichtes und der Einsatz einer cholesterinarmen Diät. Nur wenn diese Maßnahmen erfolglos waren, sollten Medikamente zur Senkung des erhöhten Cholesterinspiegels verordnet werden.

Was ist eigentlich Cholesterin und wozu wird es benötigt?

Chemisch gesehen ist Cholesterin ein ungesättigter Alkohol und bildet im menschlichen Körper fast wasserunlösliche Verbindungen mit Fettsäuren. Es kommt nur in menschlichen und tierischen Zellen vor und wird für den Aufbau von Zellmembranen, sowie für die Produktion von Gallensäuren, Hormonen (Östrogene, Androgene und Kortikoide) und Vitamin D3 benötigt.
Da Cholesterin wasserunlöslich ist, muß es zum Transport im Blut transportfähig gemacht werden. Hierzu dienen bestimmte Eiweiße. Die Verbindungen aus Eiweiß und Cholesterin heißen Lipoproteine. Diese Partikel enthalten neben den Proteinen und Cholesterin in unterschiedlichen Mengen auch zum Beispiel Triglyceride und Phospholipide (andere Fettstoffe). Transportproteine (Lipoproteine) werden ständig ab- oder umgebaut. Zu den wichtigsten Lipoproteinen gehören:

- Lipoproteine hoher Dichte (high density lipoproteins – HDL)
- Lipoproteine niedriger Dichte (low density lipoproteins – LDL).

Das HDL hat im Gegensatz zu allen anderen Lipoproteinen positive Eigenschaften, indem es das Risiko der Entstehung und Verschlechterung einer Arteriosklerose verringert. Je höher der HDL-Anteil am Serum-Cholesterin (Serum ist der Anteil des Blutes nach Abtrennung der Blutzellen), desto niedriger das Arterioskleroserisiko. Das LDL ist äußerst cholesterinreich. Ein besonders hoher Anteil an LDL bedeutet damit ein erhöhtes Arterioskleroserisiko. Weitere Lipoproteine sind Lipoproteine sehr niedriger Dichte (very low density lipoproteins – VLDL) und die sogenannten Lipoproteine intermediärer Dichte (intermediate density lipoproteins – IDL). Letztlich wichtig für den Individualfall ist jedoch das Verhältnis von LDL zu HDL.

Ist die Zufuhr von Cholesterin erforderlich?

Der Mensch ist nicht auf die Zufuhr von Cholesterin mit der Nahrung angewiesen, da es der Körper selbst produzieren kann. Mit der Nahrung nehmen wir in der Regel mehrere 100 mg pro Tag auf (200–700 mg). Empfohlen werden jedoch nicht mehr als 200–300 mg pro Tag.

Richtwerte für die Blutfette

Serum Cholesterin	LDL-Cholesterin	HDL-Cholesterin	Triglyzeride
normal < 200	<135	>45	<200
grenzwertig 200–250	135–155	35–45	200–300
erhöht >250	>155	<35	>500

Wie schadet eine Hypercholesterinämie dem Menschen?

Meist ist eine Hypercholesterinämie noch mit anderen Risikofaktoren verbunden, wie zum Beispiel Bluthochdruck, Zuckerkrankheit (Diabetes), Gicht und Rauchen. Diese Faktoren schädigen die Gefäßwände. Der Einfluß eines jeden einzelnen Faktors konnte bislang noch nicht geklärt werden. Es ist jedoch eindeutig erwiesen, daß bei Hypercholesterinämie eine stärkere Arteriosklerose auftritt als ohne diese, und außerdem wird Cholesterin in den arteriosklerotischen Veränderungen vermehrt nachgewiesen. Letztlich führen alle Risikofaktoren zu Gefäßwandschäden mit nachfolgender Verengung des Gefäßes.

Welche Serumwerte für die Blutfette sind behandlungsbedürftig?

Mit steigenden Serum-Cholesterinwerten erhöht sich das Arterioskleroserisiko sprunghaft. Studien belegen, daß bei einem Cholesterinspiegel von 240 mg/dl das Infarktrisiko doppelt so hoch ist wie bei einem Spiegel von 200 mg/dl. Bei einem Wert von 280 mg/dl ist es dann sogar dreimal so hoch. Hieraus ergibt sich, daß ein Serum-Cholesterin höher als 200 mg/dl eigentlich behandlungsbedürftig ist. Andere Kriterien für eine Behandlungsbedürftigkeit stellen erhöhte LDL-Spiegel (größer als 135 mg/dl) und erniedrigte HDL-Werte (kleiner als 45 mg/dl) dar. Zusätzlich sollte zur Entscheidung, ob eine Therapie erforderlich ist oder nicht, der Triglycerin-Spiegel (höher als 200 mg/dl) herangezogen werden.

Ursachen der Hypercholesterinämie

Zu hohe Serum-Cholesterinwerte können verschiedene Ursachen haben:

- erhöhte körpereigene Produktion, wie bei erblich bedingter Stoffwechselstörung;
- durch andere Erkrankungen bedingt, wie zum Beispiel Schilddrüsenunterfunktion, stark erhöhte Eiweißausscheidung im Urin etc.;
- überhöhte Zufuhr von Cholesterin mit der Nahrung (häufigste Ursache).

Den Cholesterinspiegel im Griff

Einen erhöhten Cholesterinspiegel kann man senken:

- durch Diät: geringe Fettzufuhr, reduzierte Cholesterinzufuhr, ballaststoffreiche Nahrung, eingeschränkte Kalorienzufuhr;
- durch Gewichtsreduktion bei Übergewicht: ein Gewicht von nicht mehr als: Größe −100 = Körpergewicht in kg sollte angestrebt werden;
- durch ausreichende Bewegung: durch Ausdauersport, wie zum Beispiel Joggen, Radfahren und andere Sportarten steigt der HDL-Anteil;
- indem man den Alkohol- und Zuckeranteil in der Nahrung reduziert, um das Körpergewicht leichter halten zu können;
- indem man das Rauchen aufgibt oder zumindest einschränkt; ihm wird eine Senkung des HDL (des guten Cholesterins) zugeschrieben;
- durch Abbauen von Streß. Streß führt zu einer Erhöhung des LDL;
- falls sämtliche oben genannten Maßnahmen nichts nutzen: medikamentöse Therapie.

Basis einer jeden Therapie zur Cholesterinspiegelsenkung sollte zunächst immer der Einsatz einer adäquaten Diät sein, bevor Medikamente eingenommen werden. Es bleibt noch anzumerken, daß unter Diät eine medikamentöse Therapie besser wirkt.

Vorbeugen: Die oben genannten Regeln sind natürlich auch dazu geeignet, einer möglichen Hypercholesterinämie und damit einem erhöhten Arterioskleroserisiko vorzubeugen. Ferner scheint es erwiesen, daß sich unter reduzierter Cholesterinzufuhr bereits aufgetretene arteriosklerotische Veränderungen zurückbilden. Somit ist es für eine cholesterinarme Diät nur selten zu spät.

Joggen ist gesund – das weiß inzwischen jeder. Weniger bekannt ist, daß Joggen auch hilft, den Cholesterinspiegel in den Griff zu bekommen: Wie andere Ausdauersportarten erhöht es nämlich die »guten« HDL-Werte.

Fettarm und ballaststoffreich genießen

Das ist die Ausgangssituation: Sie haben einen zu hohen Cholesterinspiegel. Da dieser oft mit Übergewicht verbunden ist, sollten Sie zuallererst Ihr Gewicht reduzieren. Essen Sie weniger, vor allem weniger Fett, erhöhen Sie dabei den Anteil an ungesättigten Fettsäuren und schränken Sie die Aufnahme von Cholesterin mit der Nahrung ein. Zudem sollten Sie gezielt Lebensmittel in Ihren täglichen Speiseplan einbauen, die, nach dem heutigen Stand der Wissenschaft, einen gewissen cholesterinsenkenden Einfluß haben.

Fette bestehen stets aus Glycerin und Fettsäuren, sie sind jedoch verschieden zusammengesetzt. Man unterscheidet

- gesättigte Fettsäuren (zumeist in tierischen Fetten enthalten): sie erhöhen den Cholesterinspiegel
- einfach ungesättigte Fettsäuren (zum Beispiel Ölsäure, reichlich in Olivenöl): sie haben vermutlich eine leicht cholesterinsenkende Wirkung
- zweifach ungesättigte Fettsäuren (zum Beispiel Linolsäure, viel in Sonnenblumen-, Maiskeim-, Distelöl): sie sind essentiell (lebensnotwendig) und haben eine cholesterinsenkende Wirkung
- dreifach ungesättigte Fettsäuren (zum Beispiel Linolensäure, viel in Lein-, Soja-, Rapsöl): sie sind vermutlich ebenfalls essentiell; die im Aufbau langkettige Omega-3-Fettsäure hat eine cholesterinsenkende Wirkung.

Wichtiger als allein der Verzicht auf Cholesterin ist die Einschränkung der Gesamtfettaufnahme! Achten Sie auch auf versteckte Fette. Wenn Sie eine cholesterinsenkende Diät machen, können Sie über die Hälfte des Serum-Cholesterins durch den Abbau der Gesamt-

Vorsicht! Diese Lebensmittel sollten Sie meiden, denn in ihnen steckt reichlich Cholesterin. Siehe dazu auch die Tabelle auf Seite 7. Wirklich niemals sollten Sie Hirn essen, denn 100 g enthalten etwa 2000 mg Cholesterin.

Pflanzliche Lebensmittel enthalten kein Cholesterin. Sie sollten sie deshalb bevorzugt essen – am besten in Form von Rohkost. Seltener sollten Sie allerdings zu Avocado und Kokosnuß greifen – beide Früchte enthalten zwar ebenfalls kein Cholesterin, haben aber einen vergleichsweise hohen Fettgehalt.

fettzufuhr reduzieren – vorausgesetzt Sie erhöhen gleichzeitig die Aufnahme von ungesättigten an Stelle von gesättigten Fettsäuren.
Erst, wenn Sie nur geringe Fettmengen aufnehmen, macht sich der Austausch von gesättigten durch ungesättigte Fettsäuren günstig bemerkbar, denn gesättigte Fettsäuren erhöhen den Cholesterinspiegel stärker als ungesättigte ihn senken.

Ballaststoffe sind Stütz- und Struktursubstanzen der Pflanzenzellen und für uns unverdaulich. Ein hoher Gehalt an Ballaststoffen in der Nahrung hat einen cholesterinsenkenden Einfluß, da das gleichzeitig aufgenommene Cholesterin vom Körper nicht vollständig resorbiert wird. Besonders verantwortlich sind dafür die löslichen Ballaststoffe (Pektin, einige Hemicellulosen). Sie binden im Dünndarm die aus Cholesterin gebildeten Gallen-

Hier steckt reichlich Cholesterin drin!

Die in der Tabelle genannten Lebensmittel sollten Sie meiden:

Lebensmittel	Cholesteringehalt
Eier	
1 Ei (Eigelb)	ca. 300 mg
Innereien	
100 g Hirn	ca. 2000 mg
Schal- und Krustentiere	
100 g Garnelen	138 mg
100 g Austern	260 mg
Kaviar, 100 g	300 mg
Tintenfisch, 100 g	170 mg
Butter, 100 g	240 mg
Schlagsahne, 100 g	109 mg

Genaue Informationen über die empfehlenswerten und weniger empfehlenswerten Lebensmittel finden Sie in E. Pospisil, GU Kompaß Cholesterin, 1990/91. Der Kompaß enthält mehr als 7000 Einzelwerte.

säuren, die normalerweise von der Leber rückresorbiert werden. Um die Funktion der Galle zu gewährleisten, werden vermehrt Gallensäuren aus Cholesterin gebildet. Dies führt schließlich zu einer Abnahme des Cholesteringehaltes im Blut. Zusätzlich sorgen die Beta-Glukane in den löslichen Ballaststoffen für eine Erhöhung des HDL.

Diese Stoffe helfen, den Cholesterinspiegel zu senken

Nach den gegenwärtigen Erkenntnissen der Ernährungswissenschaftler gibt es eine Reihe von Stoffen, die einen positiven Einfluß auf den Cholesterinspiegel haben und die bevorzugt in den Tagesplan eingebaut werden sollten. Wundermittel allerdings sind es nicht.

- Omega-3-Fettsäure (reichlich in Lachs und Makrele enthalten; auch in Fischölkapseln)
- Linolsäure (Sonnenblumen-, Maiskeim-, Distelöl)
- Ölsäure (Olivenöl; erhöht das HDL)
- Lösliche Ballaststoffe, reichlich in Getreide (Hafer) und Obst (Äpfeln, Quitten, Beeren) enthalten
- Sojaprodukte (das Sojaeiweiß)
- Die Wirkung von Knoblauch ist zur Zeit umstritten, vor allem, weil man ja nur sehr geringe Mengen mit der Nahrung aufnehmen kann. Fest steht, daß er die Fließeigenschaft des Blutes verbessert.

Welche Lebensmittel dürfen Sie unbesorgt genießen?

Im Rahmen einer cholesterinarmen Ernährung gibt es keine absoluten Verbote. Wichtig ist nur, daß Sie so wenig Cholesterin wie irgend möglich mit den Speisen aufnehmen. Bedenken Sie stets die Tageshöchstmenge von 300 mg.

- Pflanzliche Lebensmittel enthalten kein Cholesterin. Planen Sie sie in jede Mahlzeit ein und essen Sie sie auch zwischendurch als Rohkost.
- Bevorzugen Sie Vollkornprodukte.
- Eier enthalten reichlich Cholesterin. Mit einem Ei (Eigelb) erreichen Sie bereits die Tageshöchstmenge.
- Milch und Milchprodukte (inklusive Käse) enthalten in ihrem Fett viele gesättigte Fettsäuren, sollten also mit Bedacht gewählt werden. Als einfache Faustregel können Sie sich merken: je fetter das Produkt, desto mehr Cholesterin ist enthalten. Greifen Sie stets zu möglichst mageren Produkten. 100 g Vollmilch enthalten beispielsweise 110 mg Cholesterin, 3,5 g Fett und 64 kcal; bei der gleichen Menge Magermilch (entrahmter Milch) sind es nur 1 mg Cholesterin, 0,1 g Fett und 35 kcal.
- Fisch enthält je nach Sorte unterschiedliche Mengen Cholesterin. Wenn Sie Kalorien sparen müssen, sollten Sie Magerfische wie Barsch, Hecht, Kabeljau, Seelachs, Scholle oder Zander wählen. Allerdings muß die Aufnahme von Fischfett nicht unbedingt stark eingeschränkt werden, denn es ist reich an ungesättigten Fettsäuren. Der langkettig aufgebauten Omega-3-Fettsäure wird sogar nachgesagt, daß sie einen cholesterinsenkenden Einfluß hat. Sie ist im Fett von Makrele und Lachs reichlich enthalten.
- Fleisch und Geflügel enthält unterschiedlich viel Fett, der Cholesteringehalt hingegen ist nahezu unabhängig von Fleischsorte und Fettgehalt. Um die Gesamtfettaufnahme zu reduzieren, sollten Sie zu mageren Fleischsorten (Rinder-, Kalbs- oder Lammfilet, Hase und Kaninchen, Puten- oder Hähnchenbrust) greifen. Zum Beispiel stecken in 100 g Hähnchenbrust nur 0,9 g Fett und 99 kcal, in 100 g Schweinebauch immerhin 36,5 g Fett und 385 kcal. Beides enthält 60 mg Cholesterin.

Wichtig: Innereien sollten Sie unbedingt meiden, sie enthalten viel Cholesterin.

Diese Lebensmittel helfen, den Cholesterinspiegel zu senken: Lösliche Ballaststoffe in Obst (vor allem Äpfel, Quitten, Beeren), in Getreide (Haferflocken und Haferkleie) und Vollkornprodukten (verschiedene Brote, Vollkornnudeln), Linolsäure (Sonnenblumenöl), Ölsäure (Olivenöl), Sojaprodukte (Sojacreme, Sojasprossen, Sojasauce, Tofu), Omega-3-Fettsäure (in Lachs und Makrele), eventuell auch Knoblauch.

Gesund kochen – Inhaltsstoffe erhalten

Vitamine und Mineralstoffe in Lebensmitteln sind flüchtige Gesellen und wollen pfleglich behandelt werden. Einige sind gegen Licht, andere gegen Hitze oder Wasser empfindlich. Damit Sie sich optimal mit den gesunden Stoffen versorgen, sollten Sie stets bedenken:

- Alles so frisch wie möglich verarbeiten. Obst und Gemüse nicht lange liegen lassen.
- Möglichst Lebensmittel verwenden, die noch wenig bearbeitet wurden. Ungeschälten Reis, Vollkornnudeln, Vollkornmehle bevorzugen.
- Die Garzeiten so kurz wie möglich halten; nur so lang wie unbedingt nötig garen.
- Nicht unnötig viel Wasser zum Kochen verwenden, Gemüse lieber dünsten. Das Kochwasser mit verwenden.

Besonders praktisch und gesund: Garen im Tontopf

1. Den Tontopf (inklusive Deckel) vor der Verwendung mindestens 15 Minuten in kaltes Wasser stellen. Er saugt sich mit Wasser voll und gibt einen Teil davon später als Dampf nach innen an das Gargut ab.

2. Bei der Auswahl oder dem Kleinschneiden der Zutaten sollten Sie darauf achten, daß die Lebensmittel etwa die gleiche Garzeit haben. So kann alles gleichzeitig in den Topf, und Sie müssen ihn zwischendurch nicht öffnen. Natürlich können Sie einzelne Zutaten auch nachträglich hineingeben.

3. Tontöpfe stellt man immer auf den Rost in den kalten Backofen – sie vertragen keine Temperaturschwankungen. Erst dann wird der Backofen aufgeheizt. Sollen die Zutaten im Tontopf knusprig braun werden, nehmen Sie etwa 20 Minuten vor dem Ende der Garzeit den Deckel ab.

4. Den Topf aus dem Backofen nehmen und auf ein feuchtes Tuch oder auf ein Holzbrett stellen.

Für jede Menge: Bratbeutel oder Bratschlauch

1. Den Bratbeutel bereit legen. Oder ein ausreichend großes Stück Bratschlauch abschneiden (an den Enden muß später mindestens 5 cm Abstand zwischen Gargut und Folie sein, also mindestens 20 cm länger als das Gargut schneiden).

2. Die Folie an einer Seite mit einem Clip aus der Packung verschließen. Die vorbereiteten Zutaten hineinfüllen, eventuell etwas Flüssigkeit (Wasser, Brühe, Wein) angießen. Den Beutel oder Schlauch mit einem Clip verschließen.

3. Die Folie oben mit einer Nadel 2–3mal einstechen, damit später etwas Dampf entweichen kann. Auf den kalten Rost legen und in den vorgeheizten Backofen (maximal 200° heiß) schieben. Bedenken Sie, daß sich die Folie stark aufbläht, die heißen Ofenwände aber nicht berühren darf. Sie würde schmelzen.

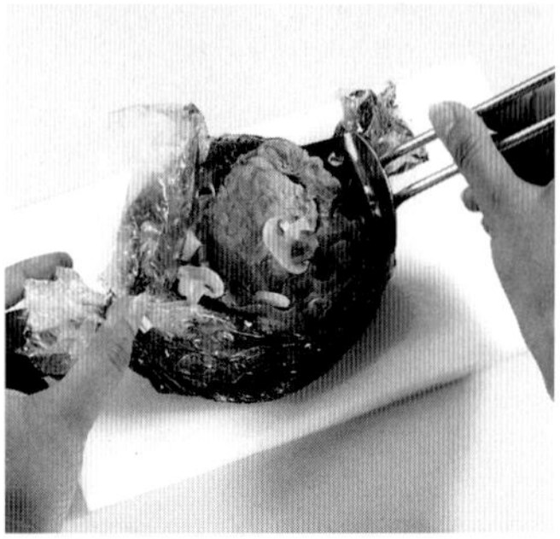

4. Nach dem Garen den Rost samt Folienpaket aus dem Ofen nehmen. Oben aufschneiden, große Stücke herausheben. Einen Clip lösen, die Flüssigkeit aus der Folie in eine Schüssel oder einen Topf ablaufen lassen.

Fettarm garen

Bei erhöhtem Cholesterinspiegel muß die Aufnahme von Fett insgesamt eingeschränkt werden. Große Fettmengen kann man bereits bei der Zubereitung sparen. Gute Töpfe und Pfannen mit dicken, schweren Böden helfen dabei. Die Hitze wird gleichmäßig nach innen geleitet, die Zutaten brennen nicht so schnell an. Geeignete Garmethoden sind:

- Grillen
- Braten in beschichteten Pfannen
- Dämpfen
- Garen im Tontopf oder in Folie (Alufolie bitte wegen der hohen Umweltbelastung nur selten verwenden). Die Zutaten garen im eigenen Saft oder in ganz wenig Flüssigkeit, Vitamine, Mineralstoffe und Aromen werden geschont. Fettzugabe ist überflüssig, auch mit Salz kann man sparsamer als sonst umgehen.

Die Rezepte in diesem Buch ...

... sind ganz bewußt so lecker und abwechslungsreich entwikkelt, daß sie der ganzen Familie schmecken. Wem der Arzt geraten hat, sich cholesterinarm zu ernähren, der muß dies meist über einen langen Zeitraum tun. Und da schafft es niemand, eine strenge, langweilige Diät einzuhalten.

- Eier sind vollständig aus den Rezepten in diesem Buch verbannt, und zwar selbst das cholesterinfreie Eiweiß – denn wohin sollte man mit dem Eigelb?
- Ei-Ersatz und sonstige Ersatzprodukte (meist auf Sojabasis) tauchen ebenfalls nicht auf. Sie kennen gewiß genügend Rezepte, in denen Eier und Fleisch enthalten sind und die Sie mit diesen Ersatzprodukten nahezu wie gewohnt zubereiten können. Fragen Sie getrost einmal im Reformhaus, was angeboten wird.
- Raffinierter Zucker stimuliert die körpereigene Cholesterinproduktion und liefert nur leere Kalorien ohne wichtige Nährstoffe. Er wurde durch Honig oder andere Süßmittel ersetzt.
- Auf Alkohol wurde ebenfalls vollständig verzichtet.

Wissenswertes über einen gesunden, cholesterinarmen Tages-Plan

Wer abnehmen möchte, muß weniger Energie aufnehmen, als sein Körper verbrennt. Die DGE, die Deutsche Gesellschaft für Ernährung, empfiehlt, daß Frauen je nach Alter zwischen 1700 und 2200, Männer zwischen 1900 und 2600 kcal zu sich nehmen sollten. Allerdings kann das für den einen bereits zuviel, für den anderen aber zuwenig sein. Nicht allein die Gesamtmenge an Kalorien, auch die Zusammensetzung der Nahrung ist wichtig. Etwa 15–20% der Gesamtenergie eines Tages sollten aus Eiweiß, 20–25% aus Fett stammen, und zwar im Rahmen einer cholesterinarmen Ernährung überwiegend aus ungesättigten, pflanzlichen Fetten. Die übrige Energie wird auf gesunde Art aus Kohlenhydraten zur Verfügung gestellt, möglichst viel aus ballaststoffreichen Produkten. 30–35 g Ballaststoffe pro Tag – so lautet die Empfehlung.

Für den ganzen Tag

Im folgenden finden Sie drei Vorschläge für gesunde Tagespläne, zusammengestellt aus Rezepten dieses Buches und ergänzt durch schnelle Snacks. Der Energiegehalt liegt jeweils nur bei etwa 6700 kJ/1600 kcal pro Tag, da viele, die ihren Cholesterinspiegel senken müssen, auch abnehmen sollten. Wenn Sie sich viel bewegen oder nicht auf die Taille achten müssen, können Sie die Mengen erhöhen oder Zwischengerichte einbauen.

1. Tagesplan

Frühstück:
Flockenmüsli mit Sesambirnen (Seite 16)
1/4 l Orangensaft
Zwischendurch:
1 Banane
Mittags:
Putenfilet mit Kartoffelkruste (Seite 40)
Hirseflammeri (Seite 56)
Zwischendurch:
1 Becher Magermilch-Joghurt
Abends:
Austernpilz-Mais-Salat (Seite 30)
1 Vollkornbrötchen

2. Tagesplan

Frühstück:
Exotisches Frischkornmüsli (Seite 14)
Holunder-Drink (Seite 18)
Zwischendurch:
Zucchini-Sandwich (Seite 24)
Mittags:
Quinoa-Salat (Seite 22)
1 Becher Magermilch-Joghurt
Zwischendurch:
50 g getrocknete Feigen
Abends:
Grünkern-Radieschen-Suppe (Seite 36)
Kalbsschnitzel »en papillote«, dazu Kartoffeln (Seite 38)

3. Tagesplan

Frühstück:
Alfalfa-Putenbrust-Brote (Seite 20)
Orangen-Leinsamen-Quark (Seite 18)
Zwischendurch:
1 Banane
Mittags:
Pilz-Risotto (Seite 38)
Zwischendurch:
Beerentarte (Seite 58)
Abends:
Kräuter-Tomaten-Sülzchen (Seite 32)
1 Vollkornbrötchen

Tips für eigene Tagespläne

Die Rezepte dieses Buches und eigene Kochideen können Sie immer wieder neu kombinieren. Kein Lebensmittel ist absolut tabu. Langfristig sollten Sie beachten:

- Möglichst wenig Cholesterin aufnehmen, maximal 300 mg am Tag. Zutaten mit niedrigem Cholesteringehalt und niedrigem Gesamtfettgehalt (magere Milchprodukte, mageres Fleisch) wählen. Auf versteckte Fette achten (Wurst, Käse, Schokolade, Nüsse, Fertiggerichte). 100 g roher Räucherschinken enthalten zum Beispiel etwa 35 g, 100 g geräucherte Putenbrust nur 1 g Fett.
- Tierische Lebensmittel einschränken, sie enthalten gesättigte Fettsäuren und Cholesterin.
- Für einen hohen Kohlenhydrat- und Ballaststoffgehalt in der Nahrung sorgen, viel Obst, Gemüse und Getreide essen.
- Zutaten genießen, die, nach dem heutigen Stand der Wissenschaft, einen cholesterinsenkenden Einfluß haben (Soja, Haferkleie, Obst mit reichlich Pektin).
- Auf eine nährstoffschonende, fettarme Zubereitung achten.

Für den Appetit und Durst zwischendurch

Jeder kleine Imbiß zwischendurch stillt Appetit und Hunger. Allerlei kann man gleich so, wie es gereift ist, genießen.
Bei ballaststoffreicher Kost sollten Sie am Tag mindestens zwei Liter kalorienarme Flüssigkeit trinken, da Ballaststoffe stark nachquellen.

Lebensmittel	Menge	Cholesterin-gehalt	Ballaststoff-gehalt	Joule	Kalorien
1 Apfel	150 g	–	4,5 g	312	75
1 Banane	150 g	–	4,5 g	512	122
getrocknete Feigen	50 g	–	5,0 g	509	121
Magermilch-Joghurt	150 g	1,5 mg	–	200	48
Vollmilch-Joghurt mit Früchten	150 g	15 mg	–	587	141
Butterkekse	50 g	40 mg	1,5 g	883	211
Vollmilch-Schokolade	30 g	1 mg	–	661	158
Orangensaft	250 ml	–	–	508	123
Cola	250 ml	–	–	463	110
Weißwein	250 ml	–	–	683	163
Bier (Pils)	500 ml	–	–	895	215

Beliebte Beilagen

Bei den Hauptgerichten in diesem Buch finden Sie komplette Gerichte ebenso wie solche, die Sie vielleicht gerne durch eine Beilage ergänzen möchten. Diese Übersicht nennt Ihnen die jeweiligen Werte.

Beilage	Menge	Cholesterin-gehalt	Ballaststoff-gehalt	Joule	Kalorien
Kartoffeln	250 g	–	6,25 g	745	178
Eier-Nudeln	60 g	56,4 mg	2,00 g	871	208
Vollkornnudeln	60 g	–	4,80 g	861	206
Weißer Reis	60 g	–	0,84 g	875	209
Naturreis	60 g	–	2,40 g	871	208
gekochte Weizenkörner	60 g	–	6,24 g	764	182
Möhren, gedünstet	250 g	–	7,50 g	313	75
Weizen-vollkornbrot	100 g	–	5,00 g	870	208
Weizenbrötchen, 1 Stück	40 g	–	1,20 g	432	103

Exotisches Frischkorn-müsli

Frischkorn-Müslis versorgen uns optimal mit gesunden, sättigenden Ballaststoffen. Besonders gut schmecken dazu saftige exotische Früchte, die, wie alle Obstsorten, kein Cholesterin enthalten.

Zutaten für 4 Personen:
75 g frisch geschroteter Weizen
1 Mango
2 Eßl. Ahornsirup oder flüssiger Honig
4 Mandarinen
2 Kiwis
100 g Lychees

Raffiniert

Zubereitungszeit: etwa 30 Min.
(Quellzeit für das Getreide: über Nacht)

Pro Person etwa:
680 kJ/160 kcal
4 g EW · 1 g F · 35 g KH
6 g Ballaststoffe
0 mg Cholesterin

1. Den Weizenschrot mit etwa 200 ml Wasser verrühren, zugedeckt über Nacht in den Kühlschrank stellen.

2. Die Mango schälen, das Fruchtfleisch in Spalten vom Stein abschneiden. Abtropfenden Saft dabei auffangen und zusammen mit dem Ahornsirup unter den Schrot rühren.

3. Die Mandarinen schälen, drei Früchte klein würfeln und ebenfalls unter den Schrot rühren. Das Müsli auf vier Dessertteller verteilen.

4. Die vierte Mandarine in Spalten zerteilen. Die Kiwis schälen, vierteln und in Spalten schneiden, die Lychees aus den Schalen lösen und entsteinen. Alle Früchte auf dem Müsli arrangieren.

Tip!
Statt mit exotischen Früchten können Sie das Müsli natürlich auch mit jedem einheimischen Obst zubereiten, das es gerade frisch zu kaufen gibt. Gut passen alle süßen Beeren.

Brötchen mit süßer Möhrencreme

Ein raffinierter Brotaufstrich: Möhren werden püriert, mit Magerquark vermischt und mit Apfeldicksaft auf gesunde und delikate Art gesüßt.

Zutaten für 4 Personen:
400 g Möhren
4 Eßl. Apfeldicksaft
2 Eßl. Zitronensaft
¼ Teel. Zimtpulver
150 g Magerquark
4 Vollkorn-Brötchen
4 Teel. Sonnenblumenkerne (etwa 20 g)

Vegetarisch

Zubereitungszeit: etwa 30 Min.

Pro Person etwa:
880 kJ/210 kcal
11 g EW · 3 g F · 34 g KH
6 g Ballaststoffe
0,6 mg Cholesterin

1. Die Möhren putzen und waschen. Eine kleine Möhre beiseite legen, die übrigen grob würfeln und mit dem Apfeldicksaft und dem Zitronensaft in einem kleinen Topf verrühren. Zugedeckt bei mittlerer Hitze etwa 5 Minuten dünsten.

2. Die Möhren mit dem Pürierstab oder im Mixer pürieren, mit dem Zimt abschmecken und mit dem Quark verrühren.

3. Die Brötchen halbieren. Die Creme auf den Brötchenhälften verteilen, mit dem Messerrücken ein dekoratives Muster hineindrücken. Die übrige Möhre grob raspeln, mit den Sonnenblumenkernen vermischen und auf die Creme streuen.

Tip!
Die Möhrencreme hält sich, gut zugedeckt, im Kühlschrank 2 bis 3 Tage.

Bild oben. Exotisches Frischkornmüsli
Bild unten: Brötchen mit süßer Möhrencreme

Flockenmüsli mit Sesambirnen

Getreideflocken können Sie fertig gemischt kaufen, Sie können aber auch Ihre eigene Mischung nach persönlichem Geschmack zusammenstellen. Dabei sollten Sie unbedingt darauf achten, daß die Flokken vollwertig sind. Außerdem sollte das Getreide möglichst aus biologisch-dynamischem Anbau stammen.

Zutaten für 2 Personen:
20 g ungeschälte Sesamsamen (etwa 3 Eßl.)
2 große Birnen (etwa 450 g)
2 Eßl. Zitronensaft
1/4 l Magermilch (entrahmte Milch)
2 Eßl. flüssiger Honig
70 g gemischte Vollkornflocken

Schnell

Zubereitungszeit: etwa 15 Min.

Pro Person etwa:
1500 kJ/360 kcal
13 g EW · 14 g F · 57 g KH.
9,6 g Ballaststoffe
1,25 mg Cholesterin

1. Die Sesamsamen in einer trockenen Pfanne rösten, bis sie angenehm duften, wieder herausnehmen und auf einen Teller streuen.

2. Die Birnen gründlich waschen und abreiben, vierteln, die Kerngehäuse herausschneiden. Die Viertel in Spalten schneiden, in dem Zitronensaft und anschließend in Sesam wenden.

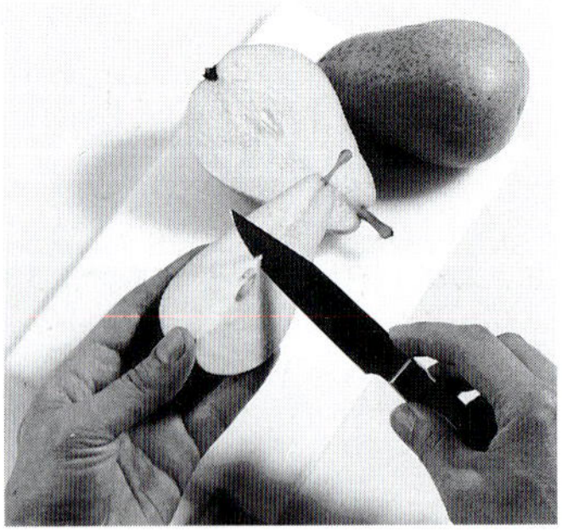

Die Birnen vierteln, dann das Kerngehäuse herausschneiden.

3. Die Milch mit dem Honig verquirlen.

4. Die Flocken mit dem restlichen Sesam mischen und in zwei Schälchen verteilen, die Milch darüber gießen, die Sesam-Birnen darauf legen.

Tofu-Zwetschgen-Brote

Tofu wird aus Sojabohnen, asiatischen Hülsenfrüchten, hergestellt. Ihnen wird eine cholesterinsenkende Wirkung zugesprochen. Dank des neutralen Geschmacks kann man Tofu für süße und herzhafte Speisen gleichermaßen verwenden. Allerdings verlangt er aus genau diesem Grund nach reichlich Würze wie beispielsweise der von süß-säuerlichen Zwetschgen.

Zutaten für 2 Personen:
1 unbehandelte Zitrone
3 Eßl. Honig
1/4 Teel. Zimtpulver
250 g Tofu
250 g frische Zwetschgen
2 Scheiben Weizen-Vollkornbrot

Raffiniert

Zubereitungszeit: etwa 30 Min.

Pro Person etwa:
1300 kJ/310 kcal
13 g EW · 6 g F · 51 g KH
4,6 g Ballaststoffe
0 mg Cholesterin

1. Die Zitrone heiß abwaschen, die Schale fein abreiben, den Saft auspressen. Beides mit dem Honig und dem Zimtpulver zu einer Marinade verrühren.

2. Den Tofu abtropfen lassen und in dünne Scheiben oder kleine Würfel schneiden. Mit der Marinade bestreichen oder beträufeln, dann durchziehen lassen.

Den abgetropften Tofu in kleine Würfel schneiden.

Die Vollkornbrote mit dem marinierten Tofu und den geviertelten Zwetschgen belegen.

3. Die Zwetschgen waschen, vierteln und entsteinen.

4. Den Tofu zusammen mit den Zwetschgen auf den Brotscheiben anrichten.

Tip!
Statt der Zwetschgen schmecken auch herbsüße Aprikosen oder säuerliche Apfelsorten wie beispielsweise Boskop oder Cox Orange.

Vanille-Beeren-Joghurt

Jedes magere Milchprodukt dürfen Sie getrost genießen; Sie sollten es sogar, denn 100 g Magerjoghurt zum Beispiel enthalten nur 0,3 g Fett und etwa 1 mg Cholesterin, dafür aber viel lebenswichtiges Eiweiß.

Zutaten für 2 Personen:
1 Vanilleschote
500 g Magermilch-Joghurt
4 Eßl. Apfel- oder Birnendicksaft
1 Prise Ingwerpulver
300 g frische Beeren (zum Beispiel Erdbeeren und Himbeeren)
½ unbehandelte Zitrone

Ganz einfach

Zubereitungszeit: etwa 30 Min.

Pro Person etwa:
760 kJ/180 kcal
10 g EW · 1 g F · 34 g KH
3 g Ballaststoffe
2,5 mg Cholesterin

1. Die Vanilleschote aufschlitzen. Das Mark herauskratzen und mit dem Joghurt, 3 Eßlöffeln Apfel- oder Birnendicksaft und dem Ingwerpulver verquirlen und abschmecken. Mindestens 15 Minuten ziehen lassen, damit sich das Vanillearoma gut entfalten kann.

2. Inzwischen die Beeren vorsichtig waschen, putzen und verlesen, eventuell kleinschneiden. Die Zitrone heiß abwaschen und die Schale fein abreiben, den Saft auspressen. Beides mit den Beeren und dem übrigen Apfeldicksaft verrühren.

3. Den Joghurt durchrühren, in zwei Schälchen verteilen und die Beeren hineingeben.

Tip!
Die Vanilleschote aufbewahren und für ein anderes Gericht in heißer Milch auskochen. In ihr sitzen geballt die begehrten Aromastoffe.

Apfel-Schichtkäse-Teller

Saftige Äpfel, deren Pektin (löslicher Ballaststoff) eine cholesterinsenkende Wirkung hat, werden hier mit Schichtkäse kombiniert. Diesen milden Quark gibt es in verschiedenen Fettstufen zu kaufen. 100 g Schichtkäse mit 10 % Fett enthalten nur 7 mg Cholesterin.

Zutaten für 4 Personen:
500 g Schichtkäse (10 % Fett)
3 Eßl. Zitronensaft
2 Eßl. Apfeldicksaft
¼ Teel. gemahlener Ingwer
4 große, rotschalige Äpfel
1 Teel. Sesamöl
etwas Salz
schwarzer Pfeffer, frisch gemahlen
50 g gemischte Sprossen (Alfalfa, Krene, Rettich)

Ganz einfach • Schnell

Zubereitungszeit: etwa 20 Min.

Pro Person etwa:
830 kJ/200 kcal
17 g EW · 5 g F · 16 g KH
2,2 g Ballaststoffe
8,8 mg Cholesterin

1. Den Schichtkäse in dünne Scheiben schneiden. Den Zitronensaft mit dem Apfeldicksaft und dem Ingwer verquirlen. Die Äpfel abreiben und in Spalten schneiden. In der Marinade wenden.

2. Die Schichtkäse- und die Apfelscheiben dekorativ auf vier Tellern anrichten. Die übrige Marinade mit dem Sesamöl, etwas Salz und Pfeffer abschmecken und darüber träufeln. Die Sprossen aufstreuen.

Orangen-Leinsamen-Quark

100 g Magerquark enthalten lediglich 1 mg Cholesterin – Sie können dieses eiweißreiche Milchprodukt also unbeschwert genießen.

Zutaten für 2 Personen:
2 unbehandelte Orangen
250 g Magerquark
40 g Leinsamen (etwa 3 Eßl.)
1 Eßl. Apfel- oder Birnendicksaft

Preiswert • Ganz einfach

Zubereitungszeit: etwa 20 Min.

Pro Person etwa:
1000 kJ/240 kcal
23 g EW · 8 g F · 21 g KH
3,4 g Ballaststoffe
1,3 mg Cholesterin

1. Die Orangen heiß abwaschen, abtrocknen und etwas Schale fein abreiben. Eine Frucht auspressen, bei der anderen mit einem scharfen Messer die Filets vorsichtig aus den weißen Häuten lösen, abtropfenden Saft auffangen.

2. Die Orangenschale und den -saft unter den Quark rühren, die Leinsamen und den Obstdicksaft unterrühren. Mit den Orangenfilets anrichten.

Holunder-Drink

Mineralstoffreicher Holunderbeersaft schmeckt herrlich erfrischend, wenn man ihn mit säuerlicher Buttermilch vermischt. Großes Plus: sie enthält nur 4 mg Cholesterin je 100 g. Haferkleie sorgt für gesunde Sättigung und hilft zudem, den Cholesterinspiegel zu senken.

Zutaten für 4 Personen:
500 g Buttermilch
30 g Haferkleie (etwa 10 Eßl.)
1 Flasche ungesüßter Holunderbeersaft (330 ml; Muttersaft aus dem Reformhaus)
4 Eßl. Birnendicksaft

Schnell • Ganz einfach

Zubereitungszeit: etwa 15 Min.

Pro Person etwa:
510 kJ/120 kcal
8 g EW · 2 g F · 20 g KH
1,1 g Ballaststoffe
2,5 mg Cholesterin

1. Die Buttermilch mit der Haferkleie verrühren, bis sich diese auflöst.

2. Den Holunderbeersaft und den Dicksaft unterrühren. Alles in vier Gläser verteilen.

*Im Bild oben:
Orangen-Leinsamen-Quark
Im Bild Mitte: Holunder-Drink
Im Bild unten:
Apfel-Schichtkäse-Teller*

Knusper-Müsli mit Bananen

Bananen versorgen uns hervorragend mit Kohlenhydraten und Mineralstoffen, bieten also eine gesunde Grundlage für den gerade beginnenden Tag.

Zutaten für 4 Personen:
30 g Mandelblättchen
100 g gemischte Vollkornflocken
20 g ungeschälte Sesamsamen (etwa 3 Eßl.)
50 g getrocknete, ungeschwefelte Aprikosen
2 Bananen
2 Eßl. Zitronensaft
3 Eßl. flüssiger Honig
500 g fettarme (entrahmte) Dickmilch

Mögen Kinder gern

Zubereitungszeit: etwa 30 Min.

Pro Person etwa:
1300 kJ/310 kcal
11 g EW · 10 g F · 46 g KH
5 g Ballaststoffe
1,25 mg Cholesterin

1. Die Mandelblättchen in einer trockenen Pfanne goldgelb rösten, dann die Flocken und die Sesamsamen kurz mitrösten. Aus der Pfanne nehmen.

2. Die Aprikosen klein würfeln und untermischen.

3. Die Bananen schälen und zusammen mit dem Zitronensaft und dem Honig pürieren oder zerdrücken. Mit dem Müsli anrichten, die Dickmilch darüber träufeln.

Tip!

Die Grundmischung gleich in einer größeren Portion rösten und für die folgenden Tage in einer Dose bereitstellen. Sie schmeckt ebenso gut mit anderen Früchten und mageren Milchprodukten.

Trauben-Grünkern-Grütze

Früchte und ballaststoffreiche Getreidegrütze machen auf saftige Art satt für die nächsten Stunden. Für zusätzliche Frische sorgt Apfeljoghurt, für Exotik Kokosraspel.

Zutaten für 2 Personen:
50 g grob geschroteter Grünkern
250 g blaue und grüne Weintrauben
2 Eßl. flüssiger Honig
1 säuerlicher Apfel
150 g Magermilch-Joghurt
10 g getrocknete Kokosraspel (etwa 2 Eßl.)

Preiswert

Zubereitungszeit: etwa 40 Min.

Pro Person etwa:
1200 kJ/290 kcal
7 g EW · 2 g F · 61 g KH
4,2 g Ballaststoffe
0,75 mg Cholesterin

1. Den Grünkern in ¼ l kochendes Wasser einstreuen, zugedeckt bei sehr schwacher Hitze etwa 10 Minuten ausquellen lassen. Dann abkühlen lassen.

2. Die Weintrauben waschen, von den Stielen zupfen und kleinschneiden, dabei eventuell entkernen. Unter die Grütze mischen. Alles mit 1 Eßlöffel Honig süßen.

3. Den Apfel waschen, abreiben und grob raspeln. Mit dem Joghurt und dem übrigen Honig verrühren.

4. Die Grütze in zwei Schalen verteilen, den Apfeljoghurt darauf geben. Die Kokosraspel in einer trockenen Pfanne rösten und darüber streuen.

Die vorbereiteten Weintrauben nach Belieben entkernen.

Haferflocken-Pfirsich-Müsli

Hafer enthält weit mehr hochwertiges Eiweiß als andere Getreidearten. Zudem helfen die Linolsäure des Keimes und der hohe Ballaststoffgehalt des Kornes, den Cholesterinspiegel zu senken. Die kernigen Haferflocken – übrigens ein Vollkornprodukt – und saftige Pfirsiche ergänzen sich ausgezeichnet zum gesunden, kraftspendenden Frühstück.

Zutaten für 2 Personen:
60 g kernige Haferflocken
30 g Rosinen
1 Eßl. Sonnenblumenkerne (etwa 10 g)
2 frische Pfirsiche
2 Orangen
150 g Magermilch-Joghurt

Rezeptfoto auf der Rückseite

Zubereitungszeit: etwa 15 Min.

Pro Person etwa:
1200 kJ/290 kcal
10 g EW · 15 g F · 52 g KH
6,4 g Ballaststoffe
0,75 mg Cholesterin

1. Die Haferflocken mit den Rosinen und den Sonnenblumenkernen mischen, in zwei große Schälchen verteilen.

2. Die Pfirsiche waschen und in Spalten vom Stein schneiden, zum Müsli geben.

Für das Haferflocken-Pfirsich-Müsli die Pfirsiche gut waschen und in Spalten vom Stein schneiden.

3. Die Orangen auspressen und den Saft über das Müsli gießen, den Joghurt teelöffelweise darauf setzen.

Alfalfa-Putenbrust-Brote

Frische Sprossen sind vitamin- und mineralstoffreich, aber ausgesprochen arm an Kalorien. Sie schmecken zum Frühstück ebenso wie zum Mittag- und Abendessen, als Brotbelag, in Suppen und Salaten – Gründe genug, sie fest in den Speiseplan einzubauen. Mit Aufschnitt sollten Sie im Rahmen einer cholesterinarmen Ernährung sparsam umgehen. Bevorzugen Sie unbedingt magere Sorten wie Putenbrust. Außerdem sollten Sie dünne Scheiben kaufen.

Zutaten für 2 Personen:
50 g gemahlene Haselnüsse (etwa 4 Eßl.)
125 g Magerquark
etwas Salz
schwarzer Pfeffer, frisch gemahlen
1 Teel. Senf
75 g Alfalfa-Sprossen
2 Scheiben Vollkornbrot
2 dünne Scheiben geräucherte Putenbrust (etwa 40 g)

Gelingt leicht

Zubereitungszeit: etwa 15 Min.

Pro Person etwa:
1000 kJ/240 kcal
20 g EW · 7 g F · 25 g KH
4,1 g Ballaststoffe
0,63 mg Cholesterin

1. Die Haselnüsse in einer trockenen Pfanne rösten. Mit dem Quark verrühren, mit etwas Salz, Pfeffer und dem Senf abschmecken. Einige Sprossen unterrühren.

2. Den Quark auf die Brotscheiben streichen. Die übrigen Sprossen darauf verteilen.

3. Die Putenbrust in feine Streifen schneiden und auf die Sprossen streuen.

Rohkost-Mandel-Sandwich

Was Sie am Morgen im Nu zubereitet und sorgfältig verpackt haben, gibt mittags am Arbeitsplatz neuen Schwung für die folgenden Stunden.

Zutaten für 4 Personen:
5 Eßl. gehackte Mandeln (etwa 50 g)
250 g Magerquark
schwarzer Pfeffer, frisch gemahlen
3 Eßl. Zitronensaft
3 Eßl. Öl
etwas Salz
1 kleiner säuerlicher Apfel (etwa 125 g)
1 kleiner Kohlrabi (etwa 200 g)
1 Möhre (etwa 125 g)
4 längliche Vollkorn-Brötchen

Schnell

Zubereitungszeit: etwa 20 Min.

Pro Person etwa:
1100 kJ/260 kcal
14 g EW · 13 g F · 23 g KH
4,9 g Ballaststoffe
0,69 mg Cholesterin

1. Die Mandeln in einer trockenen Pfanne goldgelb rösten, mit dem Quark verrühren und mit Pfeffer würzen.

2. Den Zitronensaft, das Öl, etwas Salz und Pfeffer kräftig verquirlen. Den Apfel vierteln, vom Kerngehäuse befreien und in sehr dünne Spalten schneiden, sofort in der Marinade wenden.

3. Den Kohlrabi und die Möhre putzen, schälen und in hauchdünne Scheiben schneiden, mit den Apfelspalten mischen.

4. Die Brötchen halbieren, die Hälften mit der Mandelcreme bestreichen. Die Rohkost dazwischenlegen und die Brötchen zusammenklappen.

Quinoa-Salat

Quinoa – das sind hirseähnliche Körnchen, die in Südamerika altbekannt und beliebt sind, und die auch bei uns immer häufiger angeboten werden. Ihre Vorteile: Sie schmekken aromatisch nach Nuß, sind nach nur 15 Minuten gar und versorgen uns mit vielen wertvollen Mineralstoffen und hochwertigem Eiweiß. Der hohe Ballaststoffgehalt hilft zudem, den Cholesterinspiegel zu senken.

Zutaten für 2 Personen:
125 g Quinoa (Reformhaus)
1/4 l Gemüsebrühe
1 haselnußgroßes Stück frischer Ingwer
1 Teel. Dijonsenf
2 Eßl. Öl
4 Eßl. Apfelessig
etwas Salz
schwarzer Pfeffer, frisch gemahlen
4 Frühlingszwiebeln
30 g Bündner Fleisch

Raffiniert

Zubereitungszeit: etwa 30 Min.

Pro Person etwa:
1700 kJ/400 kcal
15 g EW · 18 g F · 40 g KH
8,1 g Ballaststoffe
18 mg Cholesterin

1. Die Quinoa in der Gemüsebrühe etwa 15 Minuten bei schwacher Hitze köcheln.

2. Inzwischen für die Marinade den Ingwer schälen und sehr fein hacken. Mit dem Senf, dem Öl und dem Essig aufschlagen. Die Marinade salzen und pfeffern.

3. Die Frühlingszwiebeln putzen und waschen. Die weißen Teile sehr fein hacken, das Grün in feine, schräge Ringe schneiden.

4. Die Quinoa eventuell abtropfen lassen, noch warm mit der Marinade und den Frühlingszwiebeln vermischen. Das Bündner Fleisch in Streifen schneiden und darüber streuen.

Tip!
Statt mit Quinoa können Sie diesen Salat auch mit Hirse oder Naturreis zubereiten.

Bild oben: Rohkost-Mandel-Sandwich
Bild unten: Quinoa-Salat

Zucchini-Sandwich

Eiweißreicher Tofu wandelt sich, vermischt mit geraspelten Zucchini, zum würzigen, cholesterinfreien Brotaufstrich. Und das Schönste dabei: Tofu hilft, wie alle Sojaprodukte, den Cholesterinspiegel zu senken.

Zutaten für 2 Personen:
100 g Zucchini
1 Bund Schnittlauch
100 g Tofu
20 g ungeschälte Sesamsamen
schwarzer Pfeffer, frisch gemahlen
½ Teel. gemahlener Koriander
2–3 Eßl. Sojasauce
einige Blätter Radicchiosalat
4 Scheiben Vollkornbrot

Kalorienarm

Zubereitungszeit: etwa 15 Min.

Pro Person etwa:
1300 kJ/310 kcal
14 g EW · 8 g F · 45 g KH
6,7 g Ballaststoffe
0 mg Cholesterin

1. Die Zucchini waschen, putzen und grob raspeln. Den Schnittlauch fein schneiden.

2. Den Tofu mit einer Gabel zerdrücken, eventuell durch ein Sieb streichen. Mit dem Sesam verrühren, mit Pfeffer, dem Koriander und etwas Sojasauce würzen. Die Zucchini und den Schnittlauch untermischen. Alles pikant abschmecken.

3. Den Radicchiosalat waschen und wieder gut trockenschleudern. Die Brotscheiben damit belegen, die Tofucreme auf dem Salat verteilen und je 2 Brotscheiben zum Sandwich zusammenklappen.

Sprossen-Doppeldecker

Frische Sprossen bieten eine gesunde Abwechslung für den Speiseplan. Hier sind sie als frische Füllung zwischen Brötchenhälften und knuspriges Knäckebrot drapiert.

Zutaten für 2 Personen:
2 längliche Vollkorn-Brötchen
2 Teel. Pflanzenmargarine
2 dünne Scheiben Putenfleischaufschnitt (etwa 40 g)
2 Scheiben Sesam-Knäckebrot
100 g Magerquark
schwarzer Pfeffer, frisch gemahlen
einige Tropfen Tabasco
etwas Salz
75 g gemischte Sprossen (Alfalfa, Mungobohnen, Rettich)

Rezeptfoto auf der Rückseite

Zubereitungszeit: etwa 20 Min.

Pro Person etwa:
1100 kJ/260 kcal
18 g EW · 5 g F · 33 g KH
5,4 g Ballaststoffe
13 mg Cholesterin

1. Die Brötchen halbieren. Die unteren Hälften dünn mit der Margarine bestreichen, mit dem Putenfleischaufschnitt belegen. Die Knäckebrot-Scheiben darauf legen.

2. Den Quark mit Pfeffer, Tabasco und etwas Salz abschmecken. Auf die Knäckebrote streichen. Die Sprossen darauf verteilen, mit den oberen Brötchenhälften abdecken.

Für frische Sprossen die Samen oder Körnchen gründlich waschen und einige Stunden mit kaltem Wasser bedeckt einweichen. Praktisch: Keimgeräte mit mehreren Böden, damit Sie verschiedene Sprossen gleichzeitig ziehen können.

Die Samen gründlich waschen, wieder in das Keimgerät geben und darin 2–6 Tage keimen lassen, bis sie sich entwickelt haben. Dabei täglich 2–4mal mit kaltem Wasser durchspülen und abtropfen lassen.

Bohnen-Mais-Salat

Salate zum Mitnehmen sollten auch nach einigen Stunden noch appetitlich aussehen. Blattsalate sind somit ungeeignet, Hülsenfrüchte hingegen erfüllen diese Bedingungen. Bei unserem Salat sind Bohnen und Mais zusammen mit Putenfleisch in einer sehr würzigen Marinade eingebettet.

Zutaten für 2 Personen:
200 g Putenschnitzel (oder Reste vom sonntäglichen Putenbraten)
3 Eßl. Öl
schwarzer Pfeffer, frisch gemahlen
Cayennepfeffer
etwas Salz
1 Dose Kidneybohnen (400 g)
1 kleine Dose Maiskörner (150 g)
2 Frühlingszwiebeln
3 Eßl. Aceto balsamico (Balsamessig)
1 Teel. scharfer Senf

Raffiniert

Zubereitungszeit: etwa 30 Min.

Pro Person etwa:
2000 kJ/480 kcal
42 g EW · 15 g F · 40 g KH
10 g Ballaststoffe
75 mg Cholesterin

1. Das Putenschnitzel in etwa 2 cm große Würfel schneiden. 1 Eßlöffel Öl in einer Pfanne stark erhitzen, die Fleischwürfel darin unter Rühren etwa 2 Minuten braten. Herausnehmen, mit schwarzem Pfeffer, Cayennepfeffer und etwas Salz würzen.

2. Die Kidneybohnen und den Mais in ein Sieb schütten, kalt abbrausen und gut abtropfen lassen. Die Frühlingszwiebeln putzen, waschen und in sehr feine Ringe schneiden. Alles mit dem Putenfleisch mischen.

3. Die übrigen 2 Eßlöffel Öl mit dem Essig und dem Senf kräftig verquirlen, mit den Gewürzen pikant abschmecken. Das Fleisch, die Kidneybohnen, den Mais und die Frühlingszwiebeln darin wenden.

Curry-Reis-Salat

Bißfest gegarter Vollkornreis, knackiges Gemüse und saftige Früchte werden durch kräftige Gewürze und eine säuerliche Joghurtmarinade (natürlich aus Magermilch-Joghurt) raffiniert vereint. Ideal als Snack am Arbeitsplatz oder für ein Picknick.

Zutaten für 2 Personen:
2 kleine Zwiebeln
1 Eßl. Öl
1 Knoblauchzehe
1 Eßl. Curry
125 g Vollkornreis
¼ l Gemüsebrühe
½ unbehandelte Zitrone
150 g Magermilch-Joghurt
schwarzer Pfeffer, frisch gemahlen
etwas Salz
1 kleiner säuerlicher Apfel
1 kleine feste Birne
200 g Salatgurke
25 g ungesalzene Cashewkerne

Gelingt leicht
Kalorienarm

Zubereitungszeit: etwa 50 Min.
Pro Person etwa:
1200 kJ/290 kcal
12 g EW · 11 g F · 59 g KH
5,6 g Ballaststoffe
0,75 mg Cholesterin

1. Die Zwiebeln schälen und klein würfeln. In dem Öl in einem Topf bei mittlerer Hitze glasig werden lassen. Den Knoblauch schälen und dazu pressen, das Currypulver einrühren und beides mit anschwitzen. Dann den Reis einrühren, mit der Brühe ablöschen. Zugedeckt bei schwacher Hitze knapp gar köcheln. Dann abkühlen lassen.

2. Inzwischen die Zitronenschale fein abreiben, den Saft auspressen. Beides mit dem Joghurt verrühren, mit Pfeffer und etwas Salz würzen. Den Apfel und die Birne waschen und gut abreiben, in streichholzfeine Stifte schneiden, die Kerngehäuse dabei entfernen. Das Obst sofort in der Joghurtmarinade wenden.

3. Die Gurke ebenfalls gründlich waschen, etwas gröber stifteln und mit dem Reis mischen. Den Joghurt unterrühren. Die Cashewkerne grob hacken, in einer trockenen Pfanne goldgelb rösten, darüber streuen.

Kräuter-Käse-Sandwich

Jeden mageren Käse dürfen Sie im Rahmen einer cholesterinarmen Ernährung genießen, fettreiche Sorten hingegen sollten Sie lieber stehen lassen. Um fettarmem, mildem Camembert reichlich Aroma zu verleihen, wird er für dieses Sandwich mit würzenden Kräutern mariniert.

Zutaten für 2 Personen:
1 Bund Basilikum
½ Bund glatte Petersilie
½ unbehandelte Zitrone
2 Eßl. Öl
schwarzer Pfeffer, frisch gemahlen
etwas Salz
125 g Camembert (30 % Fett i. Tr.)
2 feste Tomaten
einige Blätter Eisbergsalat
4 Scheiben dunkles Vollkornbrot

Gelingt leicht

Zubereitungszeit: etwa 20 Min.

Pro Person etwa:
1800 kJ/430 kcal
23 g EW · 17 g F · 46 g KH
7 g Ballaststoffe
24 mg Cholesterin

1. Die Kräuter fein hacken, die Zitronenschale fein abreiben und den Saft auspressen. Alles mit dem Öl verrühren, mit Pfeffer und etwas Salz würzen.

2. Den Camembert in kleine Würfel schneiden und in der vorbereiteten Kräutermarinade wenden.

3. Die Tomaten waschen und in dünne Scheiben schneiden. Die Salatblätter waschen, gründlich trockenschütteln und grob zerzupfen.

4. Je 2 Brotscheiben mit Salatblättern, Tomatenscheiben und dem marinierten Käse dazwischen zusammensetzen.

Pikanter Kartoffelsalat

Die Kartoffeln für diesen Salat können Sie, ebenso wie die Paprikasauce, gut am Vorabend kochen. Vermischen sollten Sie die Zutaten allerdings erst am nächsten Morgen – so bleibt alles bis zum Mittag appetitlich frisch.

Zutaten für 2 Personen:
- *400 g festkochende Kartoffeln*
- *etwas Salz*
- *1 Teel. Kümmel*
- *2 kleine, grüne Paprikaschoten*
- *1 Eßl. Öl*
- *50 ml Gemüsebrühe*
- *schwarzer Pfeffer, frisch gemahlen*
- *1 Bund Schnittlauch*
- *½ Bund Radieschen*

Gut vorzubereiten
Kalorienarm

Zubereitungszeit: etwa 50 Min.

Pro Person etwa:
830 kJ/200 kcal
6 g EW · 5 g F · 33 g KH
7,9 g Ballaststoffe
0 mg Cholesterin

1. Die Kartoffeln waschen und bürsten. In wenig Wasser mit Salz und Kümmel knapp gar kochen. Abgießen, etwas abkühlen lassen, dann pellen und in Scheiben schneiden.

2. Die Paprikaschoten putzen und waschen, die Kernchen und die hellen Trennwände entfernen, die Schoten grob würfeln. In dem Öl in einem Topf bei mittlerer Hitze anschwitzen, die Brühe angießen. Die Schoten zugedeckt bei schwacher Hitze 5–10 Minuten garen.

3. Die Paprikawürfel anschließend mit dem Pürierstab oder im Mixer pürieren und durch ein Sieb streichen. Mit Pfeffer und etwas Salz kräftig würzen.

4. Den Schnittlauch in feine Röllchen schneiden, die Radieschen putzen und stifteln, beides mit den Kartoffeln mischen. Die Paprikasauce darüber träufeln.

Hähnchen-Burger

Mit gewöhnlichen Hamburgern haben diese hier nicht mehr viel gemein: Saftig gebratene, magere Hähnchen-Schnitzel und Kiwis verstecken sich in knusprigen Vollkornbrötchen.

Zutaten für 2 Personen:
2 Hähnchenbrustfilets
(je etwa 80 g)
2 Eßl. Sojasauce
1 Teel. Sojaöl
schwarzer Pfeffer, frisch gemahlen
20 g getrocknete Kokosraspel
(etwa 4 Eßl.)
2 Vollkorn-Brötchen
einige Blätter Eisbergsalat
2 Eßl. Mango-Chutney
(Fertigprodukt)
2 Kiwis

Raffiniert

Zubereitungszeit: etwa 30 Min.

Pro Person etwa:
1300 kJ/310 kcal
24 g EW · 6 g F · 39 g KH
6 g Ballaststoffe
48 mg Cholesterin

1. Die Hähnchenbrustfilets mit einer Marinade aus der Sojasauce, dem Sojaöl und reichlich Pfeffer einreiben.

2. Die Kokosraspel in einer trockenen, beschichteten Pfanne bei mittlerer Hitze goldgelb rösten. Aus der Pfanne nehmen.

3. Die Filets in die Pfanne legen und ebenfalls bei mittlerer Hitze von jeder Seite etwa 3 Minuten braten. Dann in die Kokosraspel drücken.

Die gerösteten Kokosraspel in einen Teller geben. Die gebratenen Hähnchenbrustfilets darin wenden.

4. Die Brötchen halbieren. Die Salatblätter waschen und gut trockenschleudern, auf die Brötchenhälften legen, mit dem Chutney bestreichen.

5. Die Kiwis schälen und in Scheiben schneiden, zusammen mit den Hähnchenfilets auf die Brötchenhälften legen, diese wieder zusammensetzen.

Trauben-Sellerie-Salat

Saftige Weintrauben und knackiger Staudensellerie sind hier in einem Salat kombiniert, der auch nach vielen Stunden noch wie frisch zubereitet schmeckt. Als Beilage sollten Sie Vollkornbrot oder -brötchen mitnehmen. Achten Sie beim Kauf von Schnittkäse genau auf die Kennzeichnung – nur wenige Sorten enthalten 30 % Fett in der Trockenmasse (das sind nur etwa 15 % Fett absolut) oder noch weniger.

Zutaten für 2 Personen:
250 g Weintrauben
4 Stangen Staudensellerie mit
Blättchen
50 g magerer Schnittkäse
(maximal 30 % Fett i. Tr.)
25 g Pinienkerne
1 Bund glatte Petersilie
1 Eßl. flüssiger Honig
3 Eßl. Apfelessig
schwarzer Pfeffer, frisch gemahlen
½ Teel. Ingwerpulver
etwas Salz
3 Eßl. Öl

Ganz einfach

Zubereitungszeit: etwa 30 Min.

Pro Person etwa:
1500 kJ/360 kcal
10 g EW · 23 g F · 29 g KH
4,4 g Ballaststoffe
9,25 mg Cholesterin

1. Die Weintrauben waschen, halbieren und eventuell entkernen. Den Sellerie waschen und putzen, die Blättchen beiseite legen, die Stangen in feine Scheibchen schneiden. Den Käse in Streifen oder Würfel schneiden.

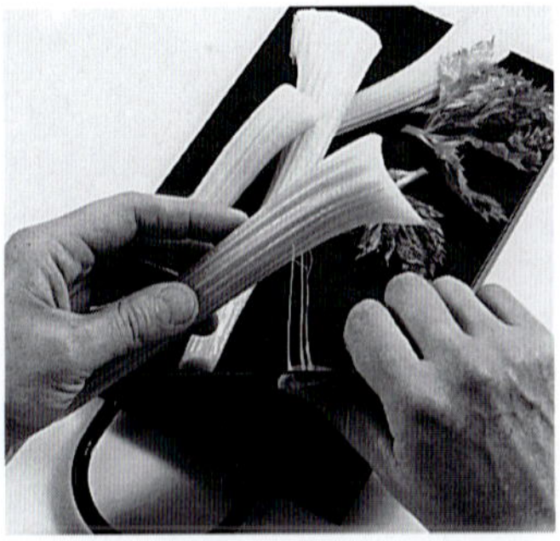

Den Sellerie waschen und putzen, die Blättchen abschneiden.

2. Die Pinienkerne grob hakken und in einer trockenen Pfanne bei mittlerer Hitze goldgelb rösten. Wieder herausnehmen.

3. Die Petersilie und das Selleriegrün fein hacken, zusammen mit den Pinienkernen, dem Honig, dem Essig, Pfeffer, dem Ingwer und etwas Salz kräftig verquirlen, zuletzt das Öl unterschlagen.

4. Die übrigen Zutaten gründlich mit der Marinade vermischen.

Brote mit Käse-Gurken-Tatar

Harzer ist ein Sauermilchkäse mit ganzen 0,7 g Fett und 134 kcal je 100 g. Sie können ihn im Rahmen einer cholesterinarmen Ernährung uneingeschränkt genießen – in 100 g sind nur 3 mg Cholesterin enthalten. Für diese Brote wird er klein gewürfelt und – wie Tatar – mit Gürkchen und Schalotten vermischt. Dazu gesellen sich außerdem Mais und knackiger Eisbergsalat.

Zutaten für 2 Personen:
125 g Harzer Käse (oder Mainzer Korbkäse)
125 g Gewürzgurken
50 g Schalotten (oder 1 kleine Zwiebel)
1 kleine Dose Maiskörner (etwa 150 g)
schwarzer Pfeffer, frisch gemahlen
einige Blätter Eisbergsalat
4 Scheiben Vollkornbrot
4 Teel. Pflanzenmargarine (20 g)

Ganz einfach

Zubereitungszeit: etwa 30 Min.

Pro Person etwa:
1700 kJ/400 kcal
28 g EW · 10 g F · 51 g KH
6 g Ballaststoffe
1,88 mg Cholesterin

1. Den Harzer Käse und die Gurken klein würfeln. Die Schalotten schälen und ebenfalls klein würfeln. Den Mais abtropfen lassen. Alles vermischen und mit etwas Pfeffer würzen.

Für den Käse-Gurken-Tatar werden der Käse, die Gurken und die Schalotten klein gewürfelt.

2. Den Eisbergsalat waschen und gut trockenschleudern. Die Brotscheiben dünn mit der Margarine bestreichen, die Salatblätter darauf legen.

3. Je 2 Brotscheiben mit der Käse-Gurken-Mischung dazwischen zu einem Sandwich zusammensetzen.

Austernpilz-Mais-Salat

Austernpilze, auch oft als Kalbfleischpilze bezeichnet, versorgen uns bestens mit pflanzlichem Eiweiß und sind eine wohlschmeckende Alternative zu Fleisch. Außerdem sind sie frei von Umweltbelastungen, da sie fernab von saurem Regen und verschmutzter Luft in Innenräumen gezüchtet werden.

Zutaten für 2 Personen:
250 g Austernpilze
1 Zwiebel
50 g Vollkornbrot
3 Eßl. Öl
1 Knoblauchzehe
schwarzer Pfeffer, frisch gemahlen
etwas Salz
1 kleine Dose Maiskörner
(etwa 150 g)
einige Basilikumblättchen
3 Eßl. Apfelessig

Für Gäste

Zubereitungszeit: etwa 30 Min.

Pro Person etwa:
1200 kJ/290 kcal
6 g EW · 14 g F · 34 g KH
5,8 g Ballaststoffe
0 mg Cholesterin

1. Die Austernpilze abreiben und putzen, eventuell etwas zerschneiden. Die Zwiebel schälen und klein würfeln.

2. Das Brot ebenfalls klein würfeln. 1 Eßlöffel Öl in einer Pfanne erhitzen, den Knoblauch schälen und dazu pressen, die Brotwürfel darin unter Rühren rösten. Pfeffern und wieder herausnehmen.

3. Das restliche Öl in der Pfanne erhitzen, die Zwiebel darin bei mittlerer Hitze anschwitzen. Die Austernpilze einrühren und rundherum bei etwas stärkerer Hitze braten. Pfeffern und leicht salzen, dann den Mais einrühren und kurz mitgaren.

4. Das Austernpilzgemüse mit dem Essig ablöschen, nochmals würzig mit Salz und Pfeffer abschmecken und noch warm servieren. Die Brotwürfel und Basilikumblättchen darüber streuen.

Lauchcreme-Lachs-Suppe

Wunderbar cremig wird die Suppe nicht etwa durch Sahne oder Crème fraîche, sondern durch pürierte Kartoffeln.

Zutaten für 4 Personen:
250 g Kartoffeln
500 g Lauch
200 g frischer Lachs
1 Eßl. Zitronensaft
schwarzer Pfeffer, frisch gemahlen
2 Eßl. Öl
1/2 Teel. getrocknete
Fenchelsamen
3/4 l Gemüsebrühe
etwas Salz

Raffiniert • Für Gäste

Zubereitungszeit: etwa 1 Std.

Pro Person etwa:
880 kJ/210 kcal
14 g EW · 12 g F · 11 g KH
3,3 g Ballaststoffe
18 mg Cholesterin

1. Die Kartoffeln schälen und grob würfeln. Den Lauch putzen, längs aufschlitzen und gründlich waschen. Einige feine grüne Ringe abschneiden und beiseite legen, den restlichen Lauch grob würfeln.

2. Den Lachs in feine Streifen schneiden, mit dem Zitronensaft und Pfeffer würzen. Das Öl in einem Topf erhitzen, den Lachs darin bei schwacher Hitze kurz anschwitzen, dann wieder herausnehmen.

3. Die Fenchelsamen im Mörser fein zerdrücken, zusammen mit den Kartoffel- und den Lauchwürfeln in den Topf geben und unter Rühren anschwitzen. Alles mit der Brühe ablöschen, pfeffern und leicht salzen. Zugedeckt bei mittlerer Hitze etwa 15 Minuten köcheln lassen.

4. Die Suppe im Mixer pürieren, wieder aufkochen und würzig mit Salz und Pfeffer abschmecken. Die Lauchstreifen und den Lachs hineingeben und servieren.

Im Bild oben: Austernpilz-Mais-Salat
Im Bild unten: Lauchcreme-Lachs-Suppe

Feigen-Chicorée-Toasts

Toasts sind als Vorspeise ebenso wie als leichter Snack am Abend stets willkommen. Besonders dann, wenn sie so kalorienarm sind wie dieser hier.

Zutaten für 4 Personen:
2 Chicoréestauden
schwarzer Pfeffer, frisch gemahlen
etwas Salz
50 g magerer Schnittkäse (maximal 30 % Fett i.Tr.)
4 Scheiben Vollkorn-Toast
4 frische Feigen
2 Eßl. Pinienkerne

Raffiniert • Ganz einfach

Zubereitungszeit: etwa 30 Min.

Pro Person etwa:
640 kJ/150 kcal
7 g EW · 5 g F · 19 g KH
3,5 g Ballaststoffe
4,6 mg Cholesterin

1. Den Backofen auf 225° vorheizen.

2. Den Chicorée putzen, waschen und in feine Streifen schneiden. Mit Pfeffer und Salz würzen. Den Käse reiben oder fein würfeln und untermischen. Das Brot toasten.

3. Die Mischung auf den Toastscheiben verteilen. Die Feigen vorsichtig abreiben und vierteln, zwischen den Salat stecken. Die Pinienkerne darüber streuen.

4. Die Toasts im Backofen (oben) etwa 15 Minuten überbacken (Gas Stufe 4). Zum Schluß Pfeffer darüber mahlen.

Kräuter-Tomaten-Sülzchen

Buttermilch ist eine Flüssigkeit, die sich bei der Herstellung von Butter aus Rahm absetzt. Sie enthält nur kleine Mengen Cholesterin (4 mg je 100 g). Sie dürfen dieses gesunde, erfrischende Milchprodukt also so oft sie wollen trinken oder - wie bei den Sülzchen »essen«.

Zutaten für 4 Personen:
6 Blatt weiße Gelatine
je 1 Bund Basilikum, Petersilie und Schnittlauch
8–10 Borretschblätter
1 Handvoll Kerbel
500 g Buttermilch
schwarzer Pfeffer, frisch gemahlen
etwas Salz
einige Spritzer Tabasco
100 g Kirschtomaten
1 Zwiebel
3 Eßl. Weinessig
4 Eßl. Öl

Gut vorzubereiten

Zubereitungszeit: etwa 30 Min. (+ 1–2 Std. Gelierzeit)

Pro Person etwa:
670 kJ/160 kcal
12 g EW · 9 g F · 8 g KH
1,5 g Ballaststoffe
2,5 mg Cholesterin

1. Die Gelatine in kaltem Wasser einweichen.

2. Die Kräuter verlesen, waschen, fein hacken und mit der Buttermilch verrühren. Die Kräutermilch mit Pfeffer, etwas Salz und Tabasco würzen.

3. Die Gelatine ausdrücken und im warmen Wasserbad oder in einem kleinen Topf bei schwächster Hitze auflösen, unter die Buttermilch rühren.

4. Die Kirschtomaten waschen und halbieren oder vierteln. In 4 Schälchen oder Tassen verteilen, die Buttermilch angießen und im Kühlschrank gelieren lassen.

Zum Servieren die Förmchen stürzen und mit einem Zwiebeldressing anrichten.

5. Zum Servieren die Zwiebel schälen und klein würfeln, mit Pfeffer, etwas Salz und dem Essig verquirlen, dann das Öl kräftig unterschlagen. Die Förmchen stürzen und mit dem Dressing auf Tellern anrichten.

Bohnen-Radicchio-Salat

Zutaten für 4 Personen:
250 g Keniabohnen
etwas Salz
1 Kopf Radicchiosalat
2 Eßl. Apfelessig
1 Eßl. Zitronensaft
1 Teel. Apfeldicksaft
schwarzer Pfeffer, frisch gemahlen
1 Prise gemahlener Koriander
1 säuerlicher fester Apfel
2 Eßl. Nußöl
2 Eßl. neutrales Pflanzenöl
2 Eßl. gehackte Walnußkerne (etwa 20 g)

Kalorienarm • Schnell

Zubereitungszeit: etwa 30 Min.

Pro Person etwa:
480 kJ/110 kcal
2 g EW · 8 g F · 8 g KH
2,8 g Ballaststoffe
0 mg Cholesterin

1. Die Bohnen putzen, waschen und gut zugedeckt in wenig Salzwasser in etwa 6 Minuten knapp garen.

2. Den Radicchiosalat putzen, waschen und in Blätter zerteilen, diese mundgerecht zerzupfen. Auf 4 Tellern verteilen.

3. Den Essig, den Zitronensaft und den Apfeldicksaft verquirlen, mit etwas Salz, Pfeffer und dem Koriander würzen. Den Apfel waschen und grob raspeln, in die Sauce geben, dann das Öl unterschlagen. Würzig abschmecken.

Den Radicchiosalat in einzelne Blätter zerlegen.

4. Die Bohnen abtropfen lassen, in der Marinade wenden und mit dieser auf den Radicchiosalat geben. Die Nüsse darüber streuen.

Feldsalat mit Clementinensauce

Zutaten für 4 Personen:
200 g Feldsalat
4 Clementinen oder Mandarinen
60 g Mandelstifte
350 g fettarme (entrahmte) Dickmilch
2 Eßl. Walnußöl
2 Eßl. Aceto balsamico
weißer Pfeffer, frisch gemahlen
etwas Salz
1 Messerspitze gemahlener Koriander

Schnell

Zubereitungszeit: etwa 20 Min.

Pro Person etwa:
800 kJ/190 kcal
7 g EW · 14 g F · 10 g KH
3,1 g Ballaststoffe
1 mg Cholesterin

1. Den Feldsalat gründlich waschen, putzen und trockenschleudern. Größere Büschel mundgerecht zerzupfen. Auf 4 Tellern verteilen.

2. Die Clementinen schälen und in Spalten teilen. Die Hälfte davon auf die Salatteller legen. Die Mandeln in einer trockenen Pfanne goldgelb rösten.

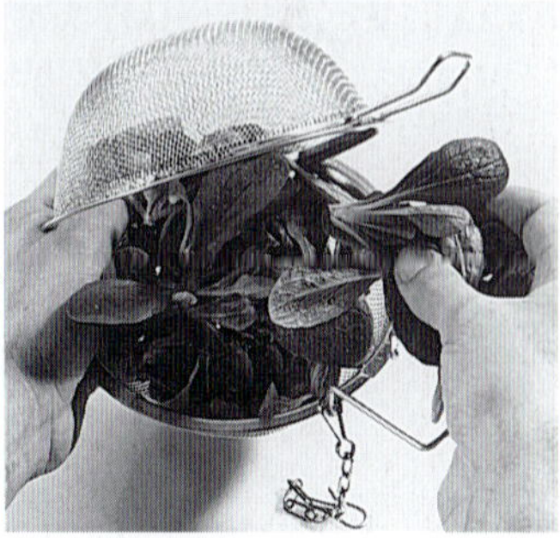

Den Feldsalat gründlich waschen, damit alle Erd- und Sandreste ausgeschwemmt werden. Dann gut trockenschleudern.

3. Die restlichen Fruchtspalten klein würfeln, mit der Dickmilch, dem Öl und dem Essig verrühren, mit Pfeffer, etwas Salz und dem Koriander abschmecken. Über den Salat träufeln; die Mandeln aufstreuen.

Bunte Gemüsesuppe

Zutaten für 4 Personen:
2 kleine Möhren
2 kleine Zucchini
100 g Zuckerschoten
1 kleine gelbe Paprikaschote
3/4 l kräftige Gemüsebrühe
weißer Pfeffer, frisch gemahlen
2–3 Eßl. Sojasauce
75 g Kirschtomaten
50 g kernige Haferflocken
1 Teel. neutrales Pflanzenöl

Kalorienarm

Zubereitungszeit: etwa 45 Min.

Pro Person etwa:
510 kJ/120 kcal
6 g EW · 3 g F · 16 g KH
5,5 g Ballaststoffe
0 mg Cholesterin

1. Die Möhren und die Zucchini waschen, putzen und fein stifteln.

2. Die Zuckerschoten waschen, eventuell die Fäden an den Seiten abziehen, die Schoten quer dritteln.

3. Die Paprikaschote putzen und halbieren, die Kernchen und die Trennwände entfernen, die Hälften in kleine Rauten schneiden.

4. Die Brühe aufkochen, das vorbereitete Gemüse hineingeben und bei starker Hitze etwa 5 Minuten kochen lassen. Mit Pfeffer und Sojasauce abschmecken.

5. Die Kirschtomaten waschen und vierteln, die Haferflocken in dem Öl in einer Pfanne goldbraun rösten, beides auf die Suppe geben, dann servieren.

Gefüllte Weinblätter

Die griechische Vorspeisen-Spezialität präsentiert sich hier cholesterinfrei abgewandelt.

Zutaten für 4 Personen:
1/4 l Gemüsebrühe
60 g rote Linsen
40 g kleine ungeschwefelte Rosinen
250 g Tofu
1/2 Bund Schnittlauch
1 unbehandelte Zitrone
schwarzer Pfeffer, frisch gemahlen
150 g eingelegte Weinblätter
2 Eßl. Olivenöl

Für Gäste

Zubereitungszeit: etwa 1 1/2 Std.

Pro Person etwa:
690 kJ/160 kcal
9 g EW · 8 g F · 15 g KH
2,7 g Ballaststoffe
0 mg Cholesterin

1. Die Hälfte der Brühe aufkochen, die Linsen einstreuen, bei milder Hitze etwa 10 Minuten darin garen. Die Rosinen kalt abbrausen und untermischen.

2. Den Tofu klein würfeln, den Schnittlauch in feine Röllchen schneiden, etwas Zitronenschale abreiben. Alles mit den Linsen vermischen.

3. Die Zitrone auspressen. Die Füllung würzig mit Pfeffer und Zitronensaft abschmecken. Kein Salz dazugeben (Weinblätter schmecken salzig).

4. Die Weinblätter gründlich in kaltem Wasser waschen, um das Salz des Einlegesuds zu entfernen. Nach und nach auf Küchenpapier ausbreiten. Jeweils einen halben Eßlöffel Linsen-Tofu-Mischung auf das untere Ende eines Weinblattes geben, das Blatt aufrollen. Die Seiten dabei nach innen einschlagen.

5. Die gefüllten Weinblätter eng nebeneinander in einen Topf legen, die restliche Brühe und das Olivenöl angießen. Die Röllchen zugedeckt bei schwacher Hitze etwa 30 Minuten köcheln.

6. Die Weinblätter im Sud abkühlen lassen.

Tip!
Übrige Weinblätter aus der Packung lassen sich ausgezeichnet für ein späteres Essen einfrieren.

Bild oben: Bunte Gemüsesuppe
Bild unten: Gefüllte Weinblätter

Überbackene Champignons

In den Pilzhüten versteckt sich eine feine Füllung: Zucchini, magere Putenbrust und geröstete Nüsse.

Zutaten für 4 Personen:
etwa 500 g große Champignons
250 g Zucchini
2 Eßl. Olivenöl
1/8 l Gemüsebrühe
schwarzer Pfeffer, frisch gemahlen
etwas Salz
75 g geräucherte Putenbrust (Aufschnitt)
1 Bund Schnittlauch
50 g gehackte Walnußkerne

Für Gäste

Zubereitungszeit: etwa 50 Min.

Pro Person etwa:
730 kJ/170 kcal
11 g EW · 13 g F · 4 g KH
3,9 g Ballaststoffe
0,5 mg Cholesterin

1. Den Backofen auf 200° vorheizen.

2. Die Champignons waschen oder abreiben und putzen. Die Stiele vorsichtig aus den Hüten herausdrehen und klein hakken. Die Zucchini waschen, putzen und klein würfeln.

3. Das Öl in einer Pfanne erhitzen. Die gehackten Pilzstiele hineingeben und bei mittlerer Hitze garen, bis die Pilzflüssigkeit verdampft ist. Die Zucchiniwürfel einrühren, die Brühe angießen und ebenfalls verdampfen lassen. Die Pilz-Zucchini-Mischung mit Pfeffer und etwas Salz würzen.

Die Stiele der Champignons vorsichtig aus den Hüten herausdrehen.

Die Pilzhüte lassen sich am besten mit einem Teelöffel füllen.

4. In eine Schüssel umfüllen. Den Aufschnitt würfeln, den Schnittlauch in Röllchen schneiden, beides zusammen mit den Nüssen untermischen, in die Pilzhüte füllen.

5. Diese nebeneinander auf das Backblech oder in eine große Gratinform setzen. Im Backofen (Mitte) in etwa 20 Minuten garen (Gas Stufe 3).

Grünkern-Radieschen-Suppe

Diese würzig-cremige Suppe aus Grünkernschrot und Radieschen können Sie als sättigende Vorspeise, als Zwischenmahlzeit oder als leichtes Abendessen servieren.

Zutaten für 4 Personen:
1 Gemüsezwiebel
2 Eßl. Öl
75 g Grünkernschrot
3/4 l Gemüsebrühe
1 Bund glatte Petersilie
weißer Pfeffer, frisch gemahlen
etwas Salz
1 kleines Bund Radieschen

Vegetarisch

Zubereitungszeit: etwa 40 Min.

Pro Person etwa:
560 kJ/130 kcal
5 g EW · 6 g F · 16 g KH
3,6 g Ballaststoffe
0 mg Cholesterin

1. Die Zwiebel schälen und klein würfeln. Das Öl in einem Topf erhitzen, die Zwiebel darin bei mittlerer Hitze glasig werden lassen. Den Grünkernschrot dazugeben, einige Minuten unter Rühren rösten. Mit der Brühe ablöschen. Zugedeckt bei schwächster Hitze etwa 25 Minuten köcheln.

2. Die Petersilie hacken, die Hälfte davon in die Suppe geben. Mit Pfeffer und etwas Salz abschmecken.

3. Die Radieschen putzen, waschen und in Scheiben schneiden, etwas zartes Grün fein hacken. Beides in die Suppe geben. Alles kurz aufkochen, in Teller umfüllen und die restliche Petersilie darüber streuen.

Rotkohl-Aprikosen-Rohkost

Im Herbst oder Winter können Sie für diesen Salat eingeweichte Trockenaprikosen (etwa 100 g) verwenden.

Zutaten für 4 Personen:
400 g Rotkohl
250 g frische Aprikosen
25 g Kürbiskerne
4 Wacholderbeeren
3 Eßl. Obstessig
schwarzer Pfeffer, frisch gemahlen
etwas Salz
1 Eßl. Kürbiskernöl
3 Eßl. neutrales Pflanzenöl

Gelingt leicht

Zubereitungszeit: etwa 40 Min.

Pro Person etwa:
620 kJ/ 150 kcal
4 g EW · 11 g F · 9 g KH
3,4 g Ballaststoffe
0 mg Cholesterin

1. Den Rotkohl putzen, waschen und fein raspeln. Die Aprikosen waschen, halbieren und entsteinen. Die Hälfte der Früchte in Spalten schneiden und mit dem Rotkohl mischen. Die übrigen Früchte würfeln.

2. Die Kürbiskerne grob hacken. Die Wacholderbeeren im Mörser zerdrücken. Beides mit dem Essig verquirlen. Mit Pfeffer und etwas Salz würzen, die gewürfelten Aprikosen einrühren. Zum Schluß beide Ölsorten unterschlagen.

3. Das Dressing nochmal würzig abschmecken und den Rotkohl mit den Aprikosenspalten darin wenden.

Salatteller mit scharfer Bohnencreme

Ein ungewöhnliches Dressing krönt den Salat: Kidneybohnen aus der Dose werden zusammen mit Joghurt püriert und mit Chili scharf gewürzt.

Zutaten für 4 Personen:
1 Dose Kidneybohnen (400 g)
100 g Magermilch-Joghurt
1 kleine grüne Chilischote
(oder knapp 1/4 Teel. Chilipulver)
schwarzer Pfeffer, frisch gemahlen
etwas Salz
je einige Blätter Frisée-, Eichblatt- und Eisbergsalat
(oder nur eine Salatsorte)
1 kleine Dose Maiskörner
(etwa 150 g)

Raffiniert

Zubereitungszeit: etwa 40 Min.

Pro Person etwa:
390 kJ/90 kcal
6 g EW · 1 g F · 16 g KH
3,8 g Ballaststoffe
0 mg Cholesterin

1. Die Kidneybohnen in ein Sieb abgießen und kalt abbrausen, gut abtropfen lassen. Zusammen mit dem Joghurt im Mixer oder mit dem Pürierstab pürieren.

Die Kidneybohnen und der Joghurt lassen sich ganz leicht zu einer luftigen Creme pürieren.

2. Die Chilischote putzen, aufschlitzen und die Kernchen herauswaschen. Die Schote sehr fein hacken und unter die Bohnencreme rühren. Die Creme mindestens 30 Minuten ziehen lassen.

3. Die Bohnencreme mit Pfeffer und Salz abschmecken.

4. Die Salatblätter waschen, trockenschleudern und mundgerecht zerzupfen, auf 4 Tellern arrangieren. Den Mais abtropfen lassen und darüber streuen. Die Bohnencreme darüber träufeln.

Pilz-Risotto

Ein typisch italienischer Risotto wird zwar mit weißem Mittelkornreis zubereitet, wer aber auf gesunde Ballaststoffe Wert legt, verwendet Rundkorn-Naturreis.

Zutaten für 2 Personen:
15 g getrocknete Steinpilze
200 g Champignons
100 g Shiitake-Pilze
100 g Austernpilze
1 Zwiebel
1 Knoblauchzehe
2 Eßl. Olivenöl
etwas Salz
schwarzer Pfeffer, frisch gemahlen
200 g Rundkorn-Naturreis
500–600 ml Gemüsebrühe
1 Bund Petersilie
1 Eßl. geriebener Parmesan

Spezialität aus Italien

Zubereitungszeit: etwa 45 Min.

Pro Person etwa:
2200 kJ/520 kcal
18 g EW · 14 g F · 86 g KH
11 g Ballaststoffe
3,5 mg Cholesterin

1. Die Steinpilze in etwas warmem Wasser einweichen. Die Champignons, die Shiitake-Pilze und die Austernpilze abreiben und kleinschneiden. Die Zwiebel und den Knoblauch schälen und klein würfeln.

2. 1 Eßlöffel Öl in einem Topf erhitzen, die Zwiebel und den Knoblauch darin glasig werden lassen. Alle vorbereiteten Pilze einrühren, mit Salz und Pfeffer würzen und einige Minuten bei mittlerer Hitze anschwitzen, dann wieder herausnehmen.

3. Das restliche Öl im Topf erhitzen, den Reis gründlich einrühren. Nach und nach die Brühe angießen und den Reis bei schwacher Hitze zugedeckt ausquellen lassen.

4. Die Petersilie fein hacken, zum Schluß mit den Pilzen und dem Parmesan unter den Reis rühren.

Kalbsschnitzel »en papillote«

In kleinen Pergamentpäckchen, ohne Zugabe von Fett, werden hier die Zutaten besonders schonend gegart. Als Beilage schmecken neue Kartoffeln.

Zutaten für 4 Personen:
1–2 Bund Suppengrün
250 g Champignons
1 Teel. Öl
1 Bund Basilikum
schwarzer Pfeffer, frisch gemahlen
etwas Salz
4 Kalbsschnitzel (je etwa 120 g)
Paprikapulver, edelsüß
Backpapier oder festes
Pergamentpapier

Raffiniert • Für Gäste

Zubereitungszeit: etwa 45 Min.

Pro Person etwa:
640 kJ/150 kcal
27 g EW · 3 g F · 5 g KH
4,2 g Ballaststoffe
108 mg Cholesterin

1. Den Backofen auf 225° vorheizen. 4 große Stücke Backpapier oder Pergamentpapier bereit legen.

2. Das Suppengrün putzen und waschen, in streichholzfeine Stifte schneiden. Die Champignons abreiben und in dünne Scheiben schneiden. Beides in dem Öl in einer beschichteten Pfanne bei mittlerer Hitze etwa 5 Minuten unter Rühren anschwitzen. Das Basilikum, wenn nötig, waschen, trockenschütteln, fein schneiden und untermischen. Alles mit Pfeffer und etwas Salz würzen, mit 4–5 Eßlöffeln Wasser ablöschen.

3. Die Kalbsschnitzel mit Paprikapulver, Pfeffer und etwas Salz einreiben. Etwas Gemüse auf die Pergamentstücke geben, die Schnitzel darauf legen, mit dem übrigen Gemüse bedecken. Das Papier locker darüber zusammenfalten, dann die Päckchen gut verschließen. Auf ein Backblech heben, im Backofen (Mitte) in etwa 15 Minuten garen (Gas Stufe 4).

Im Bild oben: Pilz-Risotto
Im Bild unten:
Kalbsschnitzel »en papillote«

Putenfilet mit Kartoffelkruste

Zutaten für 2 Personen:
½ Bund zarte Frühlingszwiebeln
125 g zarte, junge Möhren mit Grün
75 g Zuckerschoten
300 g Kartoffeln
schwarzer Pfeffer, frisch gemahlen
Paprikapulver, edelsüß
2 Scheiben Putenfilet (je etwa 100 g)
etwas Salz
3 Eßl. Öl
⅛ l Gemüsebrühe
1 Bund Basilikum

Rezept zum Titelbild
Raffiniert • Schnell

Zubereitungszeit: etwa 45 Min.

Pro Person etwa:
1600 kJ/380 kcal
36 g EW · 14 g F · 28 g KH
7,8 g Ballaststoffe
75 mg Cholesterin

1. Die Frühlingszwiebeln und die Möhren putzen und waschen. Bei den Möhren eventuell den Ansatz zum Kraut dranlassen. Die Frühlingszwiebeln ungefähr so lang wie die Möhren zurechtschneiden. Die Zuckerschoten putzen und waschen.

2. Die Kartoffeln schälen, waschen, fein reiben und sorgfältig ausdrücken. Mit Pfeffer und Paprikapulver würzen.

3. Die Putenfilets rundherum mit etwas Salz, Pfeffer und Paprikapulver einreiben. Gut die Hälfte der Kartoffeln auf einer Seite festdrücken.

Die geriebenen Kartoffeln auf dem Fleisch gut festdrücken.

4. Das Öl in einer Pfanne erhitzen, die Putenfilets mit der Kartoffelschicht nach unten hineinlegen. Die Hitze sofort reduzieren, die Filets etwa 4 Minuten bei schwacher Hitze braten.

5. Inzwischen das Gemüse zugedeckt in der Brühe dünsten.

6. Die übrigen Kartoffeln auf die Filets geben und festdrükken. Die Filets vorsichtig wenden und nochmals etwa 4 Minuten braten.

7. Das Gemüse abtropfen lassen, die Brühe dabei auffangen. Das Basilikum ohne die groben Stiele fein schneiden.

8. Die Putenfilets aus der Pfanne nehmen und warm stellen. Den Bratenfond mit der Brühe ablöschen und unter Rühren loskochen. Das Basilikum einrühren. Die Sauce würzen und kurz durchkochen, zum Gemüse und Fleisch servieren.

Grüner Sojabohneneintopf

Sojabohnen, Sojabohnenquark (Tofu), Sojasprossen – alle Soja-Produkte helfen dabei, den Cholesterinspiegel zu senken. Sie sollten sie also möglichst oft in den Speiseplan einbauen. Die getrockneten, gelben Sojabohnen eignen sich für alle Gerichte, die Sie sonst mit anderen Hülsenfrüchten zubereiten.

Zutaten für 4 Personen:
250 g getrocknete gelbe Sojabohnen
600 g Lauch
1 grüne Paprikaschote
2–3 grüne Peperoni-Schoten
2 Eßl. gekörnte Gemüsebrühe
2 Knoblauchzehen
300 g Zucchini
3 Bund glatte Petersilie
1 Bund Basilikum
2–3 Dillzweige
1 Thymianzweig
schwarzer Pfeffer, frisch gemahlen
Paprikapulver, rosenscharf
etwas Salz

Braucht etwas Zeit

Zubereitungszeit: etwa 2 Std.
(Einweichzeit für die Bohnen: über Nacht)

Pro Person etwa:
1500 kJ/360 kcal
29 g EW · 13 g F · 13 g KH
13 g Ballaststoffe
0 mg Cholesterin

1. Die Sojabohnen waschen und verlesen, über Nacht in 2 l kaltem Wasser einweichen.

2. Die Sojabohnen am nächsten Tag im Einweichwasser aufkochen. Den Schaum abschöpfen, die Bohnen gut zugedeckt bei schwacher Hitze etwa 1 ½ Stunden köcheln lassen.

3. Inzwischen den Lauch gründlich putzen und waschen, in schräge Ringe schneiden. Die Paprikaschote putzen, waschen und würfeln, die Peperoni aufschlitzen, die Kernchen herauswaschen, die Schoten winzig klein hacken.

4. Alles zu den Sojabohnen geben. Die gekörnte Brühe einrühren, den Knoblauch schalen und dazu pressen. Alles etwa 10 Minuten köcheln.

5. Die Zucchini putzen, waschen und in Scheiben schneiden, die Kräuter fein hacken. Beides in den Eintopf geben, diesen noch etwa 5 Minuten durchkochen. Mit Pfeffer, Paprika und etwas Salz scharf abschmecken.

Wirsingrouladen

Der Hafer in der Füllung sorgt für kräftiges Aroma und gleichzeitig für eine Senkung des Cholesterinspiegels.

Zutaten für 4 Personen:
etwa 200 g Möhren
100 g Champignons
2 Zwiebeln
3 Eßl. Öl
100 g geschroteter Hafer
½ l Gemüsebrühe
1 mittelgroßer Wirsingkohl
(etwa 1 kg)
schwarzer Pfeffer, frisch gemahlen
1–2 Teel. scharfer Senf
etwas Salz

Preiswert

Zubereitungszeit: etwa 1 ¼ Std.

Pro Person etwa:
990 kJ/240 kcal
11 g EW · 8 g F · 30 g KH
7,5 g Ballaststoffe
0 mg Cholesterin

1. Die Möhren sehr klein würfeln. Die Champignons abreiben und klein hacken.

2. Eine Zwiebel klein würfeln. In 1 Eßlöffel Öl bei mittlerer Hitze glasig braten. Das vorbereitete Gemüse kurz mit anschwitzen, dann den Hafer einrühren. Mit der Hälfte der Brühe ablöschen, zugedeckt bei schwacher Hitze etwa 10 Minuten ausquellen lassen.

3. Den Kohl waschen, den harten Strunk und die äußeren Blätter entfernen. Dann 8 schöne, große Blätter ablösen. Den restlichen Kohl in etwa 2 cm breite Streifen schneiden.

4. Die Blätter für etwa 30 Sekunden in kochendes Wasser legen. Herausheben, gut abtropfen lassen, dann auf der Arbeitsfläche ausbreiten. Die mittlere Blattrippe keilförmig herausschneiden, die Blätter mit Küchenpapier gründlich trockentupfen.

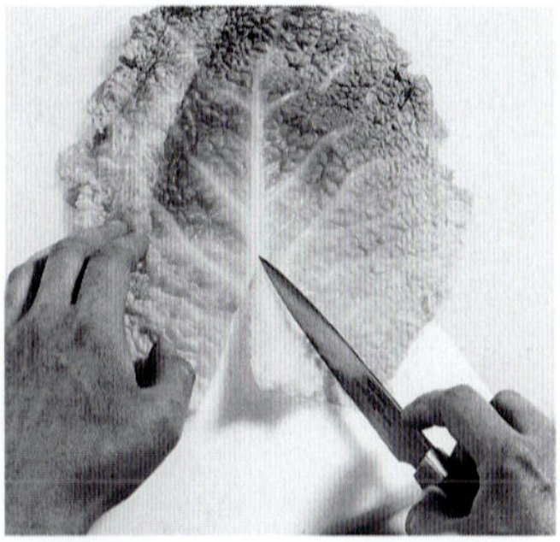

Die mittlere Rippe keilförmig aus den Kohlblättern schneiden.

5. Die Getreidemischung mit Pfeffer, dem Senf und etwas Salz abschmecken. Auf das untere Ende der Wirsingblätter setzen. Die Blätter aufrollen, dabei die Seiten nach innen einschlagen. Die Rouladen eventuell mit Küchengarn zusammenbinden.

6. Die zweite Zwiebel klein würfeln, im restlichen Öl in einem breiten Topf glasig werden lassen. Die Rouladen hineinlegen und bei mittlerer Hitze rundherum anbraten, mit der übrigen Brühe ablöschen. Zugedeckt bei schwacher Hitze etwa 10 Minuten schmoren.

7. Die übrigen Wirsingstreifen einrühren, mit Salz und Pfeffer würzen und alles zusammen noch etwa 10 Minuten schmoren.

Kaninchen-Kürbis-Eintopf

Reichlich buntes Gemüse wird durch mageres Kaninchenfleisch ergänzt und so zum raffinierten Eintopf. Das Besondere daran: Alles wird zusammen im Tontopf gegart, benötigt also kein zusätzliches Fett und gerät besonders saftig und gesund.

Zutaten für 4 Personen:
1 Kaninchen (etwa 1,2 kg, vom Metzger in Portionsstücke gehackt)
Paprikapulver, edelsüß
weißer Pfeffer, frisch gemahlen
etwas Salz
600 g ausgelöstes Kürbisfleisch
300 g festkochende Kartoffeln
250 g kleine Zwiebeln
2 rote Paprikaschoten
1 Knoblauchzehe
2 Zweige frischer Thymian
200 ml Gemüsebrühe
250 g Tomaten

Gelingt leicht

Zubereitungszeit: etwa 2 Std.

Pro Person etwa:
1490 kJ/360 kcal
32 g EW · 11 g F · 33 g KH
9 g Ballaststoffe
88 mg Cholesterin

1. Den Tontopf 15–30 Minuten wässern. Inzwischen die Kaninchenteile mit Paprikapulver, Pfeffer und etwas Salz rundherum einreiben.

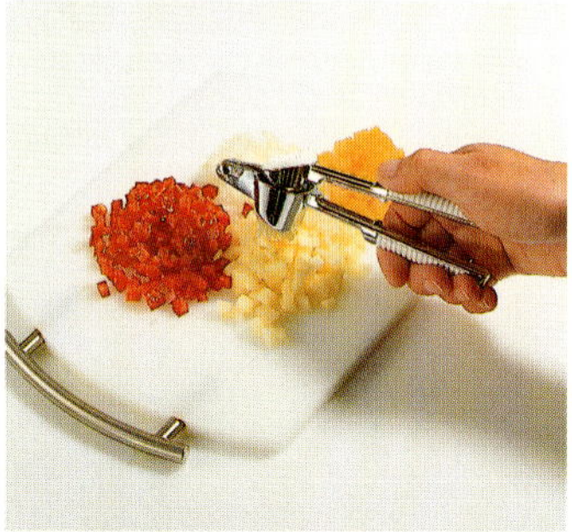

2. Das Kürbisfleisch in etwa 1–2 cm große Würfel schneiden. Die Kartoffeln und die Zwiebeln schälen, die Paprikaschoten putzen und waschen. Alles klein würfeln. Den Knoblauch schälen und durch die Presse drücken.

3. Das Fleisch zusammen mit den vorbereiteten Zutaten und dem Thymian in den Tontopf geben, gut vermischen. Die Brühe angießen. Den Eintopf mit Salz und Pfeffer kräftig würzen, den Topf zudecken und in den kalten Backofen (unten) stellen. Bei 225° (Gas Stufe 4) etwa 1 ¼ Stunden garen.

4. Die Tomaten waschen, vierteln oder achteln und in den Topf geben. Offen noch etwa 20 Minuten garen. Den Eintopf abschmecken und heiß servieren.

Marinierte Putenkeule

Das Garen in Bratbeutel beziehungsweise Bratschlauch ist eine weitere Garmethode, bei der kein Gramm Fett zugegeben werden muß. Alle Zutaten garen schonend im eigenen Saft und in wenig Brühe.

Zutaten für 2 Personen:
1 Eßl. flüssiger Honig
3 Eßl. Sojasauce
schwarzer Pfeffer, frisch gemahlen
Paprikapulver edelsüß
einige Zweige frischer Majoran
(oder 2 Teel. getrockneter Majoran)
1 Putenunterkeule (etwa 700 g)
400 g Zwiebeln
400 g Kartoffeln
1/8 l Gemüsebrühe

Kalorienarm

Zubereitungszeit: etwa 1 1/4 Std.
(+ mind. 4 Std. Marinierzeit)

Pro Person etwa:
1800 kJ/430 kcal
48 g EW · 8 g F · 43 g KH
10 g Ballaststoffe
150 mg Cholesterin

1. Aus dem Honig, der Sojasauce, Pfeffer, Paprikapulver und den kleingehackten Majoranblättchen eine Marinade rühren. Die Putenkeule rundherum damit einreiben. Dabei die Haut mit einem Finger vom Fleisch lösen und das Fleisch darunter auch würzen. Zugedeckt mindestens 4 Stunden marinieren.

2. Den Backofen auf 200° vorheizen, das Blech herausnehmen. Die Putenkeule in einen Bratbeutel oder ein entsprechend langes Stück Bratschlauch legen. Den Bratschlauch auf einer Seite mit einem Clip verschließen.

3. Die Zwiebeln schälen und achteln. Die Kartoffeln schälen, waschen und grob würfeln. Beides in den Bratbeutel oder -schlauch geben. Die Brühe hineingießen, den Schlauch auch auf der anderen Seite mit einem Clip verschließen.

4. Auf ein Backblech legen, oben einmal einstechen, damit Luft entweichen kann. Im Backofen (Mitte) etwa 50 Minuten garen (Gas Stufe 3). Alles vorsichtig in einen Topf umschütten, die Keule herausnehmen. Das Gemüse samt Sud aufkochen und würzig mit Pfeffer und Paprika abschmecken.

Weizen-strudel mit Tomatensauce

Strudel können Sie auch im Rahmen einer cholesterinarmen Ernährung genießen.
Der Teig wird ohne oder, je nach Rezept, mit nur einem Ei zubereitet.

Zutaten für 6 Personen:
175 g Weizen- oder Dinkelkörner
200 g Weizenmehl (Type 1050) und Mehl zum Ausrollen und Ausziehen
1 Prise Salz
1 Prise Zucker
4 Eßl. Öl
500 g Zucchini
1 Zwiebel
schwarzer Pfeffer, frisch gemahlen
½ – 1 Teel. gemahlener Koriander
30 g zerlassene Pflanzenmargarine zum Bestreichen
40 g ungeschälte Sesamsamen
1 kg Fleischtomaten
1 Bund Schnittlauch

Braucht Zeit • Für Gäste

Zubereitungszeit: etwa 2½ Std.
(Quellzeit für den Weizen: über Nacht)

Pro Person etwa:
1500 kJ/360 kcal
12 g EW · 15 g F · 45 g KH
9,2 g Ballaststoffe
0 mg Cholesterin

1. Die Weizenkörner über Nacht in etwa 400 ml Wasser einweichen. Am nächsten Tag darin aufkochen und zugedeckt bei schwacher Hitze etwa 1 Stunde garen.

2. Aus dem Mehl, dem Salz, dem Zucker, 3 Eßlöffeln Öl und gut 100 ml warmem Wasser einen glatten, elastischen Teig kneten. Dabei eventuell noch einige Tropfen Wasser oder etwas Mehl dazugeben. Den Teig zur Kugel formen und mit einem feuchten Tuch bedeckt mindestens 30 Minuten ruhen lassen.

3. Für die Füllung die Zucchini und die Zwiebel klein würfeln. Die Zwiebel in 1 Eßlöffel Öl in einer Pfanne glasig werden lassen. Die Zucchini einrühren und mit anschwitzen, mit Salz, Pfeffer und dem Koriander kräftig würzen. Die Weizenkörner untermischen, alles pikant abschmecken.

4. Den Backofen auf 200° vorheizen. Den Strudelteig auf der ganz leicht bemehlten Arbeitsfläche ausrollen, dann auf ein leicht bemehltes Küchentuch legen. Mit den Handrücken unter den Teig greifen und diesen möglichst hauchdünn ausziehen.

5. Die Füllung darauf verteilen, dabei überall einen Rand frei lassen. Den Strudel mit Hilfe des Tuches aufrollen, dabei die Ränder nach innen einschlagen, damit die Füllung eingeschlossen ist. Vorsichtig auf ein mit Backpapier belegtes Blech heben, dabei soll die Naht unten liegen. Die Margarine zerlassen, den Strudel damit bestreichen, mit dem Sesam bestreuen.

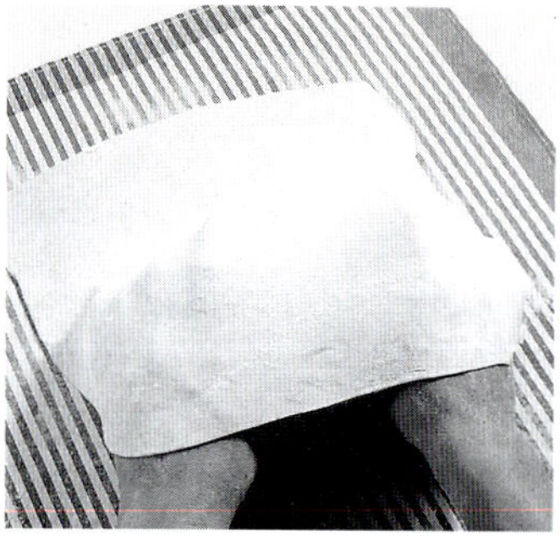

Den Teig über den Handrücken dünn ausziehen.

Die Ränder des Strudels nach innen einschlagen. Dann den Strudel mit Hilfe eines Tuches aufrollen.

6. Den Strudel im Backofen (Mitte) etwa 45 Minuten backen (Gas Stufe 3).

7. Inzwischen die Tomaten kurz überbrühen, häuten und ohne die Stielansätze grob würfeln. In einen Topf geben und unter häufigem Rühren bei starker Hitze einkochen lassen. Mit Salz und Pfeffer pikant abschmecken, den Schnittlauch in Röllchen schneiden und untermischen. Die Sauce zum Strudel servieren.

Asiatischer Fischtopf

Kabeljau ist einer der magersten Seefische. Seine zarten Filets enthalten nur etwa 30 mg Cholesterin je 100 g.

Zutaten für 4 Personen:
150 g Vollkornreis
etwas Salz
600 g Kabeljaufilet
6 Eßl. süße Sojasauce (ersatzweise salzige Sojasauce mit etwas Zucker verquirlen)
einige Spritzer Tabasco
5 Eßl. Obstessig
Zitronenpfeffer
400 ml Fischfond (Fertigprodukt aus dem Glas)
200 g frische Mungobohnenkeime
1 Dose kleingeschnittene Bambussprossen (etwa 400 g)
300 g Erbsen, tiefgefroren
etwas eingelegter roter Paprika in Streifen (aus dem Glas)

Raffiniert

Zubereitungszeit: etwa 1 Std.

Pro Person etwa:
1420 kJ/340 kcal
37 g EW · 2 g F · 43 g KH
6,7 g Ballaststoffe
45 mg Cholesterin

1. Den Reis in kochendes Salzwasser einstreuen und darin bißfest garen (je nach Sorte 20–40 Minuten).

2. Das Kabeljaufilet kalt abspülen, gut trockentupfen und in 3 cm große Würfel schneiden. Die Sojasauce mit dem Tabasco, dem Essig und Zitronenpfeffer verquirlen. Die Fischwürfel darin wenden.

3. Den Fischfond in einem Topf aufkochen. Die Bohnenkeime, den Bambus, die Erbsen und den eingelegten Paprika einrühren. Alles zugedeckt bei mittlerer Hitze etwa 5 Minuten köcheln.

4. Das Gemüse umrühren, die Fischwürfel samt der Marinade und den abgetropften Reis einrühren. Zugedeckt bei schwacher Hitze in etwa 10 Minuten garziehen lassen.

Hähnchen-Geschnetzeltes

Zutaten für 4 Personen:
1 walnußgroßes Stück frischer Ingwer (oder 1 Teel. Ingwerpulver)
6 Eßl. Sojasauce
schwarzer Pfeffer, frisch gemahlen
Cayennepfeffer
1 Knoblauchzehe
400 g Hähnchenbrustfilet
½ frische Ananas
600 g Lauch
2 Eßl. Öl
300 g frische Mungobohnenkeime
⅛ l Gemüsebrühe
1 Bund Schnittlauch

Gelingt leicht

Zubereitungszeit: etwa 30 Min. (+ etwa 1 Std. Marinierzeit für das Fleisch)

Pro Person etwa:
910 kJ/210 kcal
29 g EW · 5 g F · 15 g KH
4,4 g Ballaststoffe
60 mg Cholesterin

1. Den Ingwer schälen und klein würfeln. Mit 3 Eßlöffeln Sojasauce, schwarzem Pfeffer und Cayennepfeffer zu einer Marinade rühren, den Knoblauch schälen und dazu pressen.

2. Das Hähnchenbrustfilet quer zur Faser klein schnetzeln und in der Marinade wenden, etwa 1 Stunde im Kühlschrank ziehen lassen.

3. Die Ananas schälen und den harten Mittelstrunk herausschneiden, das Fruchtfleisch würfeln.

4. Den Lauch putzen, waschen und in feine Ringe schneiden.

5. Das Öl im Wok oder in einer breiten Pfanne erhitzen, das Hähnchenfleisch hineingeben und bei starker Hitze 1–2 Minuten anbraten. Wieder herausheben. Dann die Lauchringe in die Pfanne geben und bei mittlerer Hitze unter Rühren etwa 5 Minuten braten. Die Ananasstücke und die Bohnenkeime dazugeben und unter ständigem Wenden etwa 3 Minuten anbraten.

6. Das Hähnchenfleisch wieder untermischen, die Brühe angießen und einmal aufkochen. Alles mit der restlichen Sojasauce, Pfeffer und Cayennepfeffer abschmecken. Den Schnittlauch in Röllchen schneiden und aufstreuen.

Mexikanische Nudelpfanne

Die italienischen Nudelsorten schmecken nicht nur ausgezeichnet, sie haben zusätzlich den Vorteil, daß sie aus Hartweizengrieß, ohne Zusatz von Eiern, hergestellt werden. Achten Sie auf das Etikett auf der Packung. Wenn Sie außerdem ballaststoffreich essen möchten, sollten Sie Vollkornnudeln verwenden.

Zutaten für 4 Personen:
400 g Rinderfilet
1 Knoblauchzehe
1 Teel. Tabasco
etwas Salz
schwarzer Pfeffer, frisch gemahlen
2 Eßl. Öl
1 reife Avocado
2–3 Eßl. Zitronensaft
300 g Hartweizen-Bandnudeln
600 g Tomaten
1 grüne Paprikaschote
1 Dose Kidneybohnen
(etwa 400 g)
etwas frisches Koriandergrün
(ersatzweise Petersilie)

Ganz einfach • Etwas teurer

Zubereitungszeit: etwa 45 Min.
(+ etwa 1 Std. Marinierzeit)

Pro Portion etwa:
2600 kJ/620 kcal
37 g EW · 23 g F · 64 g KH
14 g Ballaststoffe
70 Cholesterin

1. Das Fleisch in etwa 2 cm große Würfel schneiden. Den Knoblauch schälen, zerdrükken und mit dem Tabasco, Salz, etwas Pfeffer und dem Öl verrühren. Das Fleisch darin wenden und mindestens 1 Stunde marinieren.

2. Die Avocado halbieren und entsteinen. Das Fruchtfleisch aus der Schale lösen und zusammen mit dem Zitronensaft glatt pürieren, mit Salz und Pfeffer würzen und beiseite stellen.

3. Die Nudeln in reichlich Salzwasser bißfest kochen.

4. Inzwischen die Tomaten kurz in kochendes Wasser geben, häuten und ohne die Stielansätze grob würfeln. Die Paprikaschote putzen, waschen und in etwa 2 cm große Würfel schneiden. Die Bohnen in ein Sieb geben, kalt abbrausen und gut abtropfen lassen.

5. Eine große schwere Pfanne erhitzen, das Fleisch samt der Marinade und die Paprikawürfel darin unter Rühren rundherum anbraten. Die Tomaten und die Bohnen einrühren und erhitzen, alles kurz durchkochen. Die Nudeln gründlich abtropfen lassen und untermischen, eventuell nochmal abschmecken. Die Pfanne zusammen mit der Avocadocreme anrichten und mit feingeschnittenem Koriandergrün bestreuen.

Tip!

Als erfrischende Beilage schmeckt eine große Schüssel Eisbergsalat mit einem würzigen Dressing, das Sie aus Zitronensaft, Weinessig, fein gewürfelten Schalotten, Petersilie und etwas saurer Sahne anrühren und sehr pikant abschmecken sollten.

Alle Fans von feurigen Genüssen kommen bei der Mexikanischen Nudelpfanne voll auf ihre Kosten: denn sie ist scharf und pikant. Für einen sanften Kontrapunkt sorgt mildes Avocadopüree.

Gegrillte Kräuter-makrele

Makrelen sollten Sie häufig auf den Tisch bringen. Ihr Fleisch ist zwar recht fettreich, der darin enthaltenen Omega-3-Fettsäure wird jedoch eine cholesterinsenkende Wirkung zugeschrieben.

Zutaten für 2 Personen:
2 kleine küchenfertige Makrelen
(je etwa 250 g)
3 Eßl. Zitronensaft
schwarzer Pfeffer, frisch gemahlen
etwas Salz
gemahlener Koriander
½ Bund glatte Petersilie
4 Zweige Estragon
2 Zweige Thymian
2–3 Eßl. Öl zum Bepinseln

Gelingt leicht

Zubereitungszeit: etwa 25 Min.

Pro Person etwa:
1700 kJ/400 kcal
34 g EW · 28 g F · 3 g KH
0,9 g Ballaststoffe
120 mg Cholesterin

1. Die Makrelen unter kaltem Wasser gründlich waschen, mit Küchenpapier trockentupfen. Die Rückenflossen mit einer Schere abschneiden. Die Makrelen innen und außen mit dem Zitronensaft beträufeln, mit Pfeffer, Salz und Koriander einreiben. Je einige Petersilien-, 2 Estragon- und 1 Thymianzweig in die Bauchhöhlungen füllen.

Die Kräuterzweige in die Bauchhöhlungen der Makrelen füllen.

Vor dem Grillen die Fische mit etwas Öl bepinseln.

2. Den Elektrogrill oder den Grill im Backofen auf mittlerer Stufe erhitzen.

3. Die Makrelen mit etwas Öl bepinseln und unter dem heißen Grill von jeder Seite etwa 4 Minuten garen. Beim Wenden erneut mit etwas Öl einpinseln.

Schmorgurken-Hafer-Topf

Die Bindung fürs Gemüse ist delikat und gesund. Dafür sorgt Haferkleie, die aus Keim und Randschichten des Haferkorns hergestellt und der eine besonders starke cholesterinsenkende Wirkung zugesprochen wird. Zum Schluß kommen noch geröstete Kräuter-Knoblauch-Haferflocken über das Gemüse.

Zutaten für 4 Personen:
800 g Schmorgurken (ersatzweise
Zucchini oder auch Salatgurken)
250 g Möhren
250 g Lauch
400 g festkochende Kartoffeln
3 Eßl. Öl
200 ml Gemüsebrühe
1 Bund Basilikum
1 Bund glatte Petersilie
30 g kernige Haferflocken
(etwa 3 Eßl.)
1 Knoblauchzehe
schwarzer Pfeffer, frisch gemahlen
etwas Salz
30 g Haferkleie (etwa 10 Eßl.)

Preiswert

Zubereitungszeit: etwa 1 Std.

Pro Person etwa:
1000 kJ/240 kcal
9 g EW · 9 g F · 33 g KH
9 g Ballaststoffe
0 mg Cholesterin

1. Die Schmorgurken gründlich waschen, die Enden abschneiden, das Fruchtfleisch grob würfeln.

2. Die Möhren und den Lauch putzen, waschen und ebenfalls grob würfeln. Die Kartoffeln schälen und in 2 cm große Würfel schneiden.

3. 1 Eßlöffel Öl in einem Topf erhitzen, die weißen Lauchteile darin glasig werden lassen. Die Schmorgurken, die Möhren und die Kartoffeln einrühren, mit anschwitzen, dann mit der Brühe ablöschen und zugedeckt bei schwacher Hitze etwa 20 Minuten köcheln lassen.

4. Inzwischen die Kräuter fein hacken. Das restliche Öl in einer Pfanne erhitzen, die Haferflocken darin unter Rühren bei mittlerer Hitze anrösten. Den Knoblauch schälen und dazu pressen, dann die Kräuter einrühren. Alles pfeffern und leicht salzen.

5. Die Haferkleie unter das Gemüse rühren, abschmecken und mit den Haferflocken bestreut servieren.

Spargel mit feinen Saucen

Spargel steht auf der Beliebtheitsskala der Gemüsesorten ganz weit oben. Klar, daß Sie auf die oft dazu servierte Sauce hollandaise verzichten sollten, wenn Sie einen zu hohen Cholesterinspiegel haben. Darum finden Sie hier andere Vorschläge für raffinierte Saucen zum Spargel.

Zutaten für 4 Personen:
2 kg Spargel
Salz
Für die Lachscreme:
100 g Räucherlachs
150 g Magerquark
1 unbehandelte Zitrone
weißer Pfeffer, frisch gemahlen
Cayennepfeffer
½ Bund Dill
eventuell ⅛ l Magermilch (entrahmte Milch)
Für die Nußsauce:
75 g Walnußkerne
100 g Weizen-Vollkornbrot
100–125 ml Möhrensaft
schwarzer Pfeffer, frisch gemahlen
Paprikapulver, rosenscharf
etwas Salz
Für die Apfel-Radieschen-Vinaigrette:
½ Bund Radieschen
1 säuerlicher Apfel
1 haselnußgroßes Stück frischer Ingwer
3 Eßl. Apfelessig
schwarzer Pfeffer, frisch gemahlen
etwas Salz
3 Eßl. Öl

Für Gäste

Zubereitungszeit: etwa 1½ Std.

Pro Person etwa:
1500 kJ/360 kcal
23 g EW · 21 g F · 24 g KH
9,1 g Ballaststoffe
0,5 mg Cholesterin

1. Den Spargel waschen und schälen. In einem feuchten Tuch bereitlegen, bis die Saucen fast fertig sind, dann in Salzwasser etwa 15 Minuten kochen lassen.

2. Für die Lachscreme den Lachs in feine Streifen schneiden oder hacken, unter den Quark rühren. Die Zitrone heiß abwaschen, fein abreiben und auspressen. Den Quark mit abgeriebener Zitronenschale, Zitronensaft, weißem Pfeffer, Cayennepfeffer und dem feingehackten Dill würzen. Wenn die Creme zu fest wird, noch Milch einrühren.

3. Für die Nußsauce die Walnußkerne fein hacken. Das Brot in sehr kleine Würfel schneiden. Beides mit dem Möhrensaft verquirlen, mit Pfeffer, Paprika und etwas Salz abschmecken.

4. Für die Apfel-Radieschen-Vinaigrette die Radieschen putzen, waschen und klein würfeln, etwas Grün hacken. Den Apfel abreiben, vom Kerngehäuse befreien und ebenfalls in kleine Würfelchen schneiden. Den Ingwer schälen und hacken. Alles mit dem Apfelessig verquirlen, mit Pfeffer und etwas Salz abschmecken, dann das Öl unterschlagen.

5. Den Spargel abtropfen lassen und mit den drei Saucen servieren.

Tip!
Die Saucen passen auch ausgezeichnet zu neuen Kartoffeln oder zu Folienkartoffeln aus dem Backofen.

Schollenröllchen in Paprikasauce

Zartes Schollenfilet enthält zwar ebenso wie anderes Fischfilet etwas Cholesterin, ist aber ausgesprochen mager (100 g enthalten ganze 75 kcal) und versorgt uns zudem mit gesundem Eiweiß.
Als Beilage zu diesem Essen schmecken neue Kartoffeln oder Vollkornbandnudeln.

Zutaten für 2 Personen:
3 rote Paprikaschoten
1 Zwiebel
1 Eßl. Öl
¼ l Gemüsebrühe
schwarzer Pfeffer, frisch gemahlen
etwas Salz
400 g Schollenfilets (frisch oder tiefgefroren und aufgetaut)
2 Bund glatte Petersilie
4 Zweige frischer Estragon (oder 1 Teel. getrockneter Estragon)
½ unbehandelte Zitrone
Zum Zustecken: Holzspießchen

Kalorienarm

Zubereitungszeit: etwa 45 Min.

Pro Person etwa:
1160 kJ/280 kcal
40 g EW · 6 g F · 14 g KH
8 g Ballaststoffe
110 mg Cholesterin

1. Die Paprikaschoten halbieren, alle Kerne und die hellen Trennhäutchen entfernen. Die Schotenhälften waschen und in Streifen schneiden.

2. Die Zwiebel schälen und klein würfeln. Im Öl in einem Topf bei mittlerer Hitze glasig werden lassen. Die Paprikastreifen dazugeben und anschwitzen, dann mit der Brühe ablöschen. Mit Pfeffer und etwas Salz würzen, zugedeckt bei mittlerer Hitze etwa 10 Minuten köcheln.

3. Einige feine Paprikastreifen zum Garnieren beiseite legen, die übrigen in der Brühe mit dem Pürierstab oder im Mixer pürieren und durch ein feines Sieb passieren. Wieder in den Topf geben.

4. Die Schollenfilets kurz unter kaltem Wasser abspülen, gut abtrocknen. Auf der Arbeitsfläche ausbreiten, salzen und pfeffern.

5. Die Kräuter waschen, trockenschütteln und ohne die Stiele fein hacken, einige Blättchen beiseite legen. Die Zitronenschale abreiben, die Zitrone auspressen. Die Kräuter mit dem Zitronensaft und etwas abgeriebener Zitronenschale mischen. Die Schollenfilets damit bestreichen, vorsichtig aufrollen. Mit Holzspießchen zustecken.

6. Die Parikasauce wieder aufkochen, mit Pfeffer und Salz würzig abschmecken. Die Schollenröllchen hineinsetzen und zugedeckt bei mittlerer Hitze etwa 8 Minuten dünsten. Mit den Paprikastreifen und den Kräuterblättchen garniert anrichten.

Tip!

Für ein festliches Essen können Sie statt Schollenfilets auch die noch zarteren Seezungenfilets verwenden. Aber auch jedes einfachere, preiswertere Fischfilet können Sie, mundgerecht gewürfelt, in der Sauce garen.

Die Schollenröllchen in Paprikasauce stapeln tief: Denn die raffinierte Füllung aus Petersilie, Estragon und Zitronenschale kann man nicht sehen, man schmeckt sie erst beim Essen.

Oliven-Kräuter-Bandnudeln

Bei einer cholesterinarmen Ernährung können Sie uneingeschränkt Ihrer Nudellust nachgehen, allerdings sollten Sie zu Vollkornnudeln oder zu Hartweizen-Nudeln statt zu den gewohnten hellen Eiernudeln greifen. Da Vollkornnudeln sehr würzig schmecken, sollten sie stets mit kräftigen Saucen und Beilagen kombiniert werden.

Zutaten für 2 Personen:
75 g schwarze Oliven
20 g gehackte Mandeln (2 Eßl.)
1 Bund glatte Petersilie
1 Bund Basilikum
1 Teel. frische Thymianblättchen
1–2 Knoblauchzehen
4 Eßl. Olivenöl
schwarzer Pfeffer, frisch gemahlen
Salz
50 g paprikagefüllte grüne Oliven
200 g Vollkornbandnudeln

Gelingt leicht

Zubereitungszeit: etwa 40 Min.

Pro Person etwa:
2900 kJ/690 kcal
19 g EW · 38 g F · 69 g KH
12 g Ballaststoffe
0 mg Cholesterin

1. Die schwarzen Oliven entsteinen und sehr fein hacken.

2. Die Mandeln in einer trokkenen Pfanne bei schwacher Hitze unter Rühren goldgelb rösten, wieder herausnehmen.

Die Oliven entsteinen und mit einem scharfen schweren Messer möglichst fein hacken.

3. Die Kräuter waschen, trockenschütteln und fein hakken. Den Knoblauch schälen und durch die Presse drücken. Beides mit den Oliven, den Mandeln und dem Öl sorgfältig verrühren, mit Pfeffer und etwas Salz würzen.

4. Die grünen Oliven vierteln und untermischen, alles durchziehen lassen. Eventuell später noch etwas Kochwasser von den Nudeln unterrühren, wenn die Mischung zu dick ist.

5. Reichlich Salzwasser in einem großen Topf zum Kochen bringen, die Bandnudeln darin nach Packungsanleitung bißfest garen. Abtropfen lassen, sofort mit der Oliven-Kräuter-Mischung vermischen und servieren.

Grünkernschnitten mit Pilzen

Kerniges Getreide und saftige Pilze versorgen uns optimal mit Ballaststoffen und pflanzlichem Eiweiß.

Zutaten für 2 Personen:
1 kleines Bund Suppengrün
3 Eßl. Öl
150 g Grünkernschrot
300 ml milde Gemüsebrühe
1 Eßl. frische Thymianblättchen (oder 1 Teel. getrockneter Thymian)
schwarzer Pfeffer, frisch gemahlen
etwas Salz
15 g ungeschälte Sesamsamen (etwa 2 Eßl.)
1 Zwiebel
250 g Austernpilze
250 g Champignons
2 kleine feste Tomaten
1 Bund Schnittlauch

Gelingt leicht • Preiswert

Zubereitungszeit: etwa 1 1/4 Std.

Pro Person etwa:
2200 kJ/520 kcal
18 g EW · 20 g F · 46 g KH
18 g Ballaststoffe
0 mg Cholesterin

1. Das Suppengrün putzen, waschen und klein würfeln. 1 Eßlöffel Öl in einem Topf erhitzen, das Gemüse darin bei mittlerer Hitze unter Rühren etwa 5 Minuten anschwitzen. Den Grünkernschrot einrühren und anrösten, dann mit der Brühe ablöschen. Den Thymian einrühren, alles zugedeckt bei ganz schwacher Hitze in etwa 20 Minuten ausquellen lassen.

2. Den Backofen auf 200° vorheizen. Eine Springform (etwa 20 cm Durchmesser) mit Öl einfetten.

3. Das Getreide mit Pfeffer und Salz würzig abschmecken. In die vorbereitete Form umfüllen und glattstreichen, die Sesamsamen aufstreuen. Im Backofen (Mitte) etwa 20 Minuten backen (Gas Stufe 3).

4. Inzwischen die Zwiebel schälen und klein würfeln, die Pilze putzen und grob zerschneiden.

5. Das restliche Öl in einer Pfanne erhitzen, die Zwiebel darin glasig werden lassen. Die Pilze einrühren, mit Pfeffer und etwas Salz würzen und bei mittlerer Hitze 5–10 Minuten braten.

Das Gratin zum Servieren in Tortenstücke schneiden.

6. Die Tomaten waschen und ohne die Stielansätze in feine Spalten, den Schnittlauch in Röllchen schneiden. Beides unter das Pilzgemüse mischen, alles würzig abschmecken.

7. Das Grünkerngratin aus der Form lösen und in Tortenstücke schneiden, mit dem Pilzgemüse servieren.

Tip!
Die Grünkern-Schnitten schmecken auch gut als raffinierte Beilage zu Fleisch- oder Fischgerichten.

Bohnen-Broccoli-Eintopf

Ein milder vegetarischer Eintopf – durch Bohnen und Broccoli reich an Ballaststoffen. Und Tofu sorgt für jede Menge pflanzliches Eiweiß.

Zutaten für 4 Personen:
- *200 g getrocknete weiße Bohnen*
- *1–2 Eßl. gekörnte Gemüsebrühe*
- *2 Bund glatte Petersilie*
- *schwarzer Pfeffer, frisch gemahlen*
- *einige Tropfen Tabasco*
- *2–3 Teel. gemahlener Kreuzkümmel*
- *250 g Tofu*
- *600 g Broccoli*
- *2–3 Eßl. Sojasauce*

Braucht etwas Zeit

Zubereitungszeit: etwa 3/4 Std.
(Einweichzeit für die Bohnen: über Nacht)

Pro Person etwa:
970 kJ/230 kcal
20 g EW · 4 g F · 28 g KH
13 g Ballaststoffe
0 mg Cholesterin

1. Die Bohnen über Nacht in 2 l Wasser einweichen.

2. Am nächsten Tag im Einweichwasser zum Kochen bringen und je nach Größe der Bohnenkerne 45 Minuten–1 ½ Stunden zugedeckt bei schwacher Hitze knapp gar kochen.

3. Inzwischen die Gemüsebrühe mit 50 ml warmem Wasser anrühren, die Petersilie waschen, fein hacken und unter die Gemüsebrühe rühren. Diese Marinade mit Pfeffer, Tabasco und Kreuzkümmel würzen.

4. Den Tofu würfeln und in der Marinade wenden.

5. Den Broccoli putzen und waschen. Die Stiele abziehen und kleinschneiden, die Röschen mundgerecht zerteilen.

6. Wenn die Bohnen fast gar sind, die Broccolistiele dazugeben, etwa 5 Minuten mitkochen lassen, dann die Broccoliröschen einrühren. Alles noch etwa 5 Minuten garen.

7. Den Tofu samt der Marinade zu den Bohnen rühren und kurz erhitzen, dann den Eintopf mit den verwendeten Gewürzen und der Sojasauce pikant abschmecken.

Minzereis mit Kirschen

Raffiniert gewürzter Reis und saftige Sauerkirschen – eine exquisite Dessertkombination.

Zutaten für 4 Personen:
1 Vanilleschote
300 ml Magermilch (entrahmte Milch)
100 g Vollkornreis (Rundkorn)
500 g frische Sauerkirschen
30 g gemahlene Mandeln
2 Eßl. Honig
8 frische Minzeblättchen und Minze zum Garnieren
2 Eßl. Mandelblättchen

Für Gäste • Gut vorzubereiten

Zubereitungszeit: 1–1 ½ Std.

Pro Person etwa:
1100 kJ/260 kcal
7 g EW · 10 g F · 42 g KH
3,8 g Ballaststoffe
0,75 mg Cholesterin

1. Die Vanilleschote längs aufschlitzen, das Mark herauskratzen, beides zusammen mit der Milch in einem Topf aufkochen. Den Reis einstreuen und zugedeckt bei ganz schwacher Hitze ausquellen lassen (je nach Sorte 30–60 Minuten).

2. Inzwischen die Kirschen waschen und entsteinen, mit ⅛ l Wasser in einem kleinen Topf aufkochen. Die gemahlenen Mandeln einrühren und das Kompott dadurch binden, mit dem Honig süßen. Zugedeckt in den Kühlschrank stellen.

3. Die Vanilleschote aus dem Reis entfernen. Die Minze fein schneiden und unter den Reis mischen. Ebenfalls kalt stellen.

4. Die Mandelblättchen in einer trockenen Pfanne hellbraun rösten.

5. Den Reis mit zwei Eßlöffeln zu Nocken formen, auf dem Kompott anrichten. Mit Minzeblättchen und den Mandelblättchen garnieren.

Aprikosenkaltschale

Als sättigende Einlage werden Grießrauten in der Kaltschale serviert. Sie sorgen gleichzeitig für einen hohen Ballaststoffgehalt.

Zutaten für 4 Personen:
1 kg frische Aprikosen
⅜ l naturtrüber Apfelsaft
4 Eßl. Apfeldicksaft
⅜ l Magermilch (entrahmte Milch)
125 g Hartweizengrieß
2 Eßl. gehackte Haselnüsse (etwa 20 g)
1 Teel. Zimtpulver
etwas Öl für die Form

Gut vorzubereiten • Erfrischend

Zubereitungszeit: etwa 45 Min. (+ 2–3 Std.Kühlzeit)

Pro Person etwa:
1300 kJ/310 kcal
8 g EW · 6 g F · 64 g KH
6,2 g Ballaststoffe
0,9 mg Cholesterin

1. Die Aprikosen waschen, einige Sekunden in kochendheißes Wasser legen, dann kalt abschrecken. Die Haut abziehen, die Früchte entsteinen und gut die Hälfte davon pürieren. Den Rest in Spalten schneiden.

2. Das Püree und die Fruchtspalten mit dem Apfelsaft und 2 Eßlöffeln Dicksaft verrühren, mindestens 2 Stunden kühl stellen.

3. Inzwischen für die Grießrauten die Milch aufkochen. Den Grieß unter Rühren einrieseln lassen. Einige Minuten bei schwacher Hitze dicklich kochen. Mit dem restlichen Dicksaft, den Haselnüssen und dem Zimt verrühren. Eine eckige Form leicht einölen, den Grieß einfüllen, glattstreichen und im Kühlschrank fest werden lassen.

4. Zum Servieren die Kaltschale in Teller verteilen. Den Grieß aus der Form stürzen, in Rauten schneiden und in der Kaltschale servieren.

Bild oben: Minzereis mit Kirschen
Bild unten: Aprikosenkaltschale

Hirseflammeri

Die kleinen Hirsekörnchen müssen nicht wie die meisten anderen Getreidesorten eingeweicht werden – sie sind bereits nach knapp 30 Minuten gar. Hier werden sie in cholesterinarmer Magermilch gekocht. Mit einer frischen Fruchtsauce wird ein feines Dessert daraus.

Zutaten für 4 Personen:
½ l Magermilch (entrahmte Milch)
150 g Hirse
3 Eßl. Honig
500 g Himbeeren
einige Blättchen Zitronenmelisse zum Garnieren

Rezept zum Titelbild

Zubereitungszeit: etwa 1 Std.

Pro Person etwa:
950 kJ/ 230 kcal
10 g EW · 8 g F · 39 g KH
8,4 g Ballaststoffe
1,25 mg Cholesterin

1. Die Milch in einem Topf aufkochen, die Hirse einstreuen, mit 2 Eßlöffeln Honig süßen. Zugedeckt bei schwacher Hitze etwa 20 Minuten köcheln, dann ohne Hitzezufuhr noch etwa 10 Minuten ausquellen lassen.

2. Die Hirse in vier kalt ausgespülte Förmchen oder Tassen drücken und im kalten Wasserbad abkühlen lassen.

3. Inzwischen die Himbeeren verlesen. Einige beiseite legen. Die übrigen durch ein Sieb streichen, um die kleinen Kernchen zu entfernen. Dann das Fruchtpüree mit dem restlichen Honig süßen.

Die Himbeeren durch ein Sieb streichen, um die kleinen Kernchen zu entfernen.

4. Das Himbeerpüree auf 4 Teller gießen. Die Hirse-Flammeris aus den Förmchen stürzen, auf dem Himbeermark anrichten. Mit den ganzen Himbeeren und einigen Zitronenmelisseblättchen garniert servieren.

Quitten-Ingwer-Kompott

Quitten sind leider etwas in Vergessenheit geraten, dabei haben sie ein feines, nicht alltägliches Aroma und sind sehr ballaststoffreich. Ihr hoher Pektingehalt senkt zudem den Cholesterinspiegel.

Zutaten für 4 Personen:
1 tischtennisballgroßes Stück frischer Ingwer
1 Vanilleschote
200 ml naturtrüber Apfelsaft
500 g Quitten
3 Eßl. Apfeldicksaft
250 g säuerliche Äpfel

Kalorienarm • Gut vorzubereiten

Zubereitungszeit: etwa 45 Min.

Pro Person etwa:
460 kJ/110 kcal
1 g EW · 0,6 g F · 26 g KH
7,8 g Ballaststoffe
0 mg Cholesterin

1. Den Ingwer schälen und sehr fein würfeln. Die Vanilleschote längs aufschlitzen, das Mark herauskratzen.

2. Den Ingwer, das Vanillemark und die -schote sowie den Apfelsaft in einem Topf verrühren. Die Quitten vierteln, schälen und die Kerngehäuse herausschneiden, die Viertel in Spalten schneiden. In den Sud geben und zugedeckt bei schwacher Hitze etwa 10 Minuten dünsten.

3. Das Quittenkompott mit dem Apfeldicksaft süßen. Die Äpfel waschen und abreiben, ebenfalls in Spalten schneiden und dabei entkernen. Die Spalten zu den heißen Quitten geben. Das Kompott abkühlen lassen. Die Vanilleschote zum Servieren entfernen.

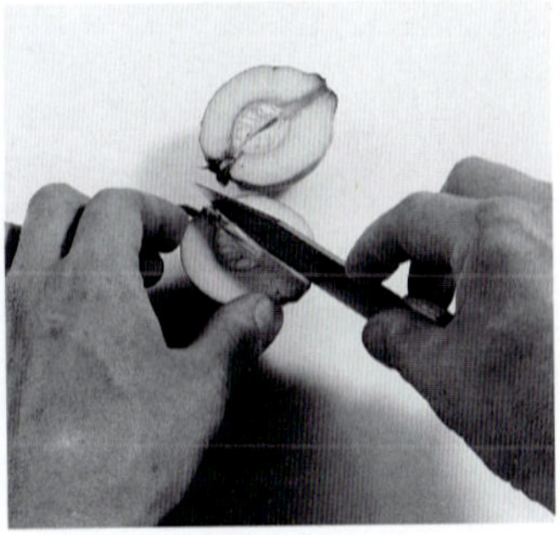

Die Quitten zuerst vierteln, dann schälen und die Kerngehäuse herausschneiden.

Honig-Erdbeer-Sorbet

Bei einer cholesterinarmen Ernährung müssen Sie keineswegs auf Eis verzichten. Herrlich erfrischende Sorbets sind Ihnen jederzeit erlaubt.

Zutaten für 8 Personen:

400 g Erdbeeren
2 Orangen (1 davon unbehandelt)
100 g flüssiger Honig

Für Gäste • Gut vorzubereiten

Zubereitungszeit: etwa 30 Min. (+ 2–4 Std. Gefrierzeit)

Pro Person etwa:
300 kJ/70 kcal
1 g EW · 0,3 g F · 16 g KH
1,6 g Ballaststoffe
0 mg Cholesterin

1. Die Erdbeeren waschen und putzen. Einige Früchte zum Garnieren beiseite legen. Die übrigen im Mixer pürieren, dann durch ein Sieb passieren.

2. Die unbehandelte Orange heiß abwaschen, die Schale fein abreiben. Den Saft beider Orangen auspressen. Schale und Saft zusammen mit dem Honig in einem kleinen Topf bei schwacher Hitze verrühren. Das Erdbeermark dazugeben. Den Sirup abkühlen lassen.

3. In eine möglichst breite Metallschüssel umfüllen und zugedeckt in das Tiefkühlfach stellen. Nach etwa 30 Minuten (es sollte sich eine Eisschicht gebildet haben) kräftig durchschlagen, zurück in das Tiefkühlfach stellen. Weitere 2–3 Stunden gefrieren lassen, öfters zwischendurch kräftig durchrühren.

4. Das Sorbet zum Servieren nochmals kräftig durchrühren oder mit einem Pürierstab pürieren. Zu Kugeln formen, mit den beiseite gelegten Erdbeeren garnieren.

Mit dem Eisportionierer das Sorbet zu Kugeln formen.

Tip!

Nach dem gleichen Rezept können Sie Sorbets mit immer anderen Früchten zubereiten. Harte Obstsorten müssen Sie vor dem Pürieren kurz dünsten. Früchte mit festen Schalen oder Kernen beziehungsweise Steinen müssen Sie durch ein Sieb streichen.

Beerentarte

Auch auf Köstliches aus der Backstube müssen Sie nicht verzichten, wenn Sie sich cholesterinarm ernähren. Kuchen aus Biskuit oder Rührteig allerdings, die mit vielen Eiern zubereitet werden, sollten Sie meiden. Knuspriges Mürbeteiggebäck wie diese Tarte hingegen dürfen Sie als Dessert oder zum Kaffee genießen. Der Belag dieser Tarte ist ebenfalls mit Bedacht gewählt: Beeren enthalten viele Ballaststoffe – und die helfen, den Cholesterinspiegel zu senken.

Zutaten für 16 Stück für eine Tarte- oder Springform von 26 cm Ø:

Für den Teig:
- *200 g Weizen-Vollkornmehl und Mehl zum Ausrollen*
- *135 g kalte, feste Pflanzenmargarine*
- *2 Eßl. Puderzucker*
- *1 Prise Salz*
- *Fett und Mehl für die Form*
- *etwa 500 g getrocknete Hülsenfrüchte zum Blindbacken*
- *Pergamentpapier*

Für die Füllung:
- *750 g gemischte Beeren*
- *1 Päckchen klarer Tortenguß*
- *¼ l Orangensaft*
- *2 Päckchen Vanillinzucker*
- *50 g Mandelblättchen*

Für Gäste

Zubereitungszeit: etwa 1 ¼ Std.
(Kühlzeit für den Teig: über Nacht; mindestens aber 1 Std.)

Pro Stück etwa:
720 kJ/170 kcal
3 g EW · 9 g F · 21 g KH
2,9 g Ballaststoffe
0 mg Cholesterin

1. Für den Teig das Mehl, die Margarine, den Zucker und das Salz schnell zu einem glatten Teig verkneten. Zur Kugel formen, in Folie wickeln und mindestens 1 Stunde (besser über Nacht) in den Kühlschrank legen.

2. Den Backofen auf 200° vorheizen. Die Tarte- oder Springform gründlich fetten und mit Mehl bestäuben.

3. Den Teig auf der leicht bemehlten Arbeitsfläche zu einem Kreis von etwa 32 cm Durchmesser ausrollen, in die Form heben und einen schmalen Rand hochziehen. Ein Stück Pergamentpapier hineinlegen, die Hülsenfrüchte hineingeben. Den Kuchen im Backofen (Mitte) etwa 10 Minuten blindbacken (Gas Stufe 3). Hülsenfrüchte und Papier entfernen und den Boden weitere 20 Minuten backen.

4. Den Tortenboden auskühlen lassen und sehr vorsichtig aus der Form lösen.

5. Die Beeren kurz waschen und putzen. Auf dem ausgekühlten Tortenboden verteilen.

6. Den Tortenguß nach Packungsbeschreibung mit dem Orangensaft und dem Vanillinzucker zubereiten und über die Beeren träufeln und erstarren lassen.

7. Die Mandeln in einer trockenen Pfanne goldgelb rösten und als Rand auf den Kuchen streuen.

Tip!

Der Mürbeteig kann auch 2–3 Tage im Kühlschrank ruhen. Außerdem läßt er sich ausgezeichnet einfrieren – kneten Sie doch gleich eine größere Menge auf Vorrat.

Ein wahres Prunkstück auf dem Speisezettel des Cholesterinpatienten ist diese Beerentarte. Der knusprige Teig wird gänzlich ohne Ei – und damit Cholesterin – zubereitet.

Fruchtiger Nuß-Kuchen

Auch Hefeteig wird oft ohne Eier zubereitet und darf somit im Rahmen einer cholesterinarmen Ernährung auf dem Kaffeetisch stehen. Hier verlockt er, mit vielen Pflaumen und Äpfeln belegt und mit kernigen Nüssen üppig bestreut, zum Zugreifen.

Zutaten für etwa 20 Stück:
250 g Weizen-Vollkornmehl und
Mehl zum Ausrollen
½ Würfel Hefe (20 g)
gut ⅛ l lauwarme Magermilch
(entrahmte Milch)
1 Eßl. Zucker
1 Prise Salz
70 g weiche Pflanzenmargarine
und Margarine für das Blech
1 kg kleine Pflaumen oder
Zwetschgen
1 kg säuerliche Äpfel
4 Eßl. Zitronensaft
100 g Walnußkerne

Zum Einfrieren

Zubereitungszeit: etwa 1¾ Std.
(Backzeit: etwa 40 Min.)

Pro Stück etwa:
620 kJ/150 kcal
3 g EW · 7 g F · 20 g KH
2,3 g Ballasstoffe
0,06 mg Cholesterin

1. Das Mehl in eine Schüssel geben, in die Mitte eine Mulde drücken. Die Hefe hineinbröckeln, die Milch über die Hefe gießen. Milch, Hefe und etwas Mehl zu einem Vorteig verrühren, den Zucker und etwas Mehl darüber streuen. Den Vorteig zugedeckt an einem warmen Ort etwa 20 Minuten gehen lassen, bis das Mehl auf der Oberfläche Risse zeigt.

2. Das Salz und die Margarine dazugeben, mit dem restlichen Mehl und dem Vorteig mit den Knethaken des Handrührgerätes zu einem glatten Teig verarbeiten.

3. Durchkneten, zur Kugel formen, leicht mit Mehl bestäuben und zugedeckt gehen lassen, bis sich das Volumen fast verdoppelt hat.

4. Ein Blech mit Margarine einfetten. Den Teig durchkneten, auf der leicht bemehlten Arbeitsfläche dünn ausrollen und auf das Blech heben. Bis an den Rand ausziehen und ausrollen, den Teig an den Rändern des Bleches leicht hochziehen und festdrücken.

5. Den Backofen auf 200° vorheizen.

6. Die Pflaumen oder Zwetschgen waschen, vierteln und entsteinen. Die Äpfel waschen, trockenreiben, vierteln, und ohne die Kerngehäuse in dicke Spalten schneiden. Diese in Zitronensaft wenden, abtropfen lassen und abwechselnd mit den Pflaumen dicht nebeneinander auf den Teig legen. Die Walnüsse grob hacken und darüber streuen.

7. Den Kuchen im Backofen (Mitte) etwa 40 Minuten backen (Gas Stufe 3).

Würzige Schokoladenbirnen

Schokolade sollten Sie zwar nicht täglich essen. Gegen einen wohldosierten Genuß von Zeit zu Zeit ist aber gewiß nichts einzuwenden. Lediglich Vollmilch-Tafeln enthalten Cholesterin, und auch die nur etwa 2 mg in 100 g. Allerdings liefern natürlich alle Sorten Schokolade reichlich Energie: 100 g enthalten immerhin stolze 530 kcal.

Zutaten für 4 Personen:
1 unbehandelte Zitrone
2 Eßl. Honig
2 Zimtstangen
¼ Teel. gemahlener Ingwer
4 Gewürznelken
¼ Teel. Koriandersamen
4 schöne, nicht zu weiche Birnen
50 g Zartbitter-Schokolade

Etwas aufwendiger

Zubereitungszeit: etwa 45 Min.

Pro Person etwa:
690 kJ/160 kcal
2 g EW · 5 g F · 29 g KH
5,6 g Ballaststoffe
0 mg Cholesterin

1. Die Zitrone heiß abwaschen, die Schale abreiben und den Saft auspressen. Beides zusammen mit 200 ml

Wasser, dem Honig und den Gewürzen in einem Topf verrühren. Die Birnen schälen, halbieren und die Kerngehäuse herausschneiden. Die Hälften dicht nebeneinander in den Topf legen. Zugedeckt bei schwacher Hitze etwa 10 Minuten dünsten, anschließend im Sud auskühlen lassen.

2. Die Birnen abtropfen lassen und auf vier Teller legen. Den Sud durch ein Sieb gießen und schnell bei starker Hitze einkochen lassen, bis er leicht karamelisiert. Über die Birnen gießen.

3. Die Schokolade hacken und im Wasserbad schmelzen lassen, in feinen Linien über die Birnen träufeln.

Joghurt-Sanddorn-Creme

Sanddornsaft verleiht Magermilch-Joghurt ein raffiniertes Aroma und macht ihn zum feinen, cholesterinarmen Dessert.

Zutaten für 4 Personen:
6 Blatt oder 1 Päckchen
gemahlene weiße Gelatine
500 g Magermilch-Joghurt
6 Eßl. Sanddornbeerensaft
(aus dem Reformhaus)
2 Eßl. Preiselbeeren (aus dem
Glas)

Kalorienarm • Gut vorzubereiten

Zubereitungszeit: etwa 45 Min.

Pro Person etwa:
290 kJ/70 kcal
10 g EW · 0,5 g F · 6 g KH
0,2 g Ballaststoffe
1,25 mg Cholesterin

1. Die Gelatine in kaltem Wasser einweichen. Tropfnaß in einen kleinen Topf geben und bei schwacher Hitze auflösen. Mit dem Joghurt verrühren.

2. Den Sanddornsaft unterziehen, die Mischung kalt stellen.

Um den Spritzbeutel leichter füllen zu können, wird erst eine Manschette nach außen umgeschlagen.

3. Wenn sie zu gelieren beginnt, in einen Spritzbeutel mit Sterntülle füllen und in vier Dessertgläser spritzen. Fest werden lassen.

4. Zum Servieren die Preiselbeeren darübergeben.

Cappuccinogelee mit Mandelsauce

Zutaten für 4 Personen:
6 Blatt oder 1 Päckchen
gemahlene weiße Gelatine
300 ml heißer, mittelstarker Kaffee
Süßstoff oder Zucker nach
Geschmack
300 ml Magermilch (entrahmte
Milch)
100 g gemahlene Mandeln

Gut vorzubereiten • Raffiniert

Zubereitungszeit: etwa 15 Min.
(+ etwa 2 Std. Gelierzeit)

Pro Person etwa:
570 kJ/140 kcal
11 g EW · 12 g F · 5 g KH
1,5 g Ballaststoffe
0,75 mg Cholesterin

1. Die Gelatine in kaltem Wasser einweichen, anschließend im Kaffee auflösen. Nach Geschmack mit Süßstoff oder Zucker süßen, 200 ml Magermilch unterrühren. Die Mischung in vier Dessertgläser verteilen und erstarren lassen.

2. Inzwischen die Mandeln in einer trockenen Pfanne goldgelb rösten, mit der restlichen Milch ablöschen. Verrühren, abkühlen lassen.

3. Die Mandelsauce zum Servieren auf dem Kaffeegelee verteilen.

Zum Gebrauch
Damit Sie Rezepte mit bestimmten Zutaten noch schneller finden können, stehen in diesem Register zusätzlich auch Hauptzutaten wie Bohnen und Grünkern – ebenfalls alphabetisch geordnet und halbfett gedruckt – vor den entsprechenden Rezepten.

Umschlag-Vorderseite:
Das Rezept für Putenfilet mit Kartoffelkruste finden Sie auf Seite 40, das Rezept für Hirseflammeri finden Sie auf Seite 56.

Redaktion: Dr. Stephanie v. Werz-Kovacs
Herstellung: Robert Gigler
Fotos: Georg M. Wunsch
Umschlaggestaltung: Heinz Kraxenberger
Reproduktionen: Mayr Repro, Donauwörth
Satz: Zauner Druck, Dachau
Druck: Appl, Wemding
Bindung: Sellier, Freising
ISBN 3-7742-1105-1

Auflage 7. 6. 5. 4. 3.
Jahr 1998 97 96 95 94

Angelika Illies,

Wahlmünchnerin mit Hamburger Kennzeichen, arbeitet engagiert und erfolgreich als freie Autorin und Food-Journalistin. Der Start in die Karriere begann direkt nach dem Ökotrophologie-Studium – mit einem Umweg über London, wo sie in einem renommierten Verlag Redaktionsalltag erlebte und gleichzeitig die internationale Küche beschnupperte. Zurück im eigenen Land stärkte sie 4 ½ Jahre das Kochressort der größten deutschen Foodzeitschrift; seit 1989 verdient sie sich Sporen und Brötchen in Eigenregie.

Dr. med. Norbert Gretz,

studierte an der Universität Heidelberg Medizin und sammelte nach seinem Studium Erfahrungen im europäischen Ausland. Seit 1989 ist er als Oberarzt in der Nephrologischen Klinik in Mannheim tätig. Sein besonderes Interesse gilt der Diätetik. Die Erfahrungen, die er auf diesem Gebiet gesammelt hat, gibt er an Patienten und Diätassistentinnen weiter. Er ist Autor von vielen Veröffentlichungen zum Thema Diät.

Wichtiger Hinweis

Die Rezepte und Ratschläge in diesem Buch stammen von Fachleuten und sind erprobt. Die medizinische Forschung auf diesem Gebiet ist jedoch nicht abgeschlossen, und zu Einzelfragen werden auch von namhaften Wissenschaftlern abweichende Meinungen vertreten. Darüber hinaus reagiert jeder Organismus anders. Deshalb darf eine bestimmte Ernährung – beispielsweise zur Senkung des Cholesterinspiegels – ebenso wie die Einnahme eines bestimmten Medikaments nicht ohne Rücksprache mit dem Hausarzt durchgeführt werden – informieren Sie sich bitte bei ihm.
Kaufen Sie möglichst nur gereinigtes Getreide. Schmutz und Unkrautsamen (vor allem Samen der giftigen Kornrade) dürfen nicht enthalten sein. Das gleiche gilt auch für das heute wieder häufiger auftretende Mutterkorn. Es entsteht durch einen Pilz, der vor allem den Roggen befällt. Das violett-schwarze, innen schneeweiße Mutterkorn ähnelt einem stark vergrößerten, leicht gebogenen Getreidekorn. In größeren Mengen verzehrt (etwa 5–10 g) ruft es lebensgefährliche Vergiftungserscheinungen hervor. Die Gefahr ist allerdings gering, wenn Sie, wie empfohlen, gereinigtes Getreide kaufen.
Essen Sie Schoten und Samen von Hülsenfrüchten niemals roh. Erst durch ausreichendes Garen wird das darin enthaltene natürliche Gift, das Phasin, unschädlich gemacht. Beim Keimen wird dieses Gift nur teilweise abgebaut; deshalb sollten Sie auch Sojabohnenkeimlinge nicht zu oft und grundsätzlich nur kurz erhitzt oder blanchiert (5–10 Minuten) essen. Dasselbe gilt für die Sprossen von Bohnen, Erbsen und Kichererbsen.